比較宗教学

阿部美哉
Abe Yoshiya

大法輪閣

目　次

装幀：山本太郎

1 比較の視点

みずからの信仰の課題としてではなく、学問の対象として宗教を研究する立場は、自己と対象との間に距離を置くことを要求し、諸宗教の比較をその視点の中心に据えることを求める。宗教の比較研究の準備として、まずキリスト教信仰の立場、合理主義の立場、そして普遍主義の立場から行われた宗教の比較を振り返って、そのあらましを理解する。

宗教は、通常、自分の天下と言い分との関係において、異邦のもの、異なるものは、自分よりも劣ったものという先入主を持つ。自分の宗教は、自分の回りに見えるものや、自分の前を通りすぎていったものとの比較において、もっとも優れたものとして、認識される。『法華経』などによる「大乗」と「小乗」、天台の立てた五時八教、浄土教の「聖道門《しょうどうもん》」と「浄土門」など、仏教の教相判《きょうそうはん》釈《じゃく》は、その好例である。

かつて岸本英夫（一九〇三～六四）は、「おもうに、宗教学は、日本ではじまってもよい学問であった。日本ほどせまい地域に、異なった宗教が、ならび存している国は、珍しいからである。地球上の文明国として、ほとんど他に類例がない。日本の国全体が、宗教の実験室のような観を呈している。宗教学の研究は、さまざまの異なった宗教を比較研究するところから、はじまった。宗教的研究の初期の名称が、比較宗教であったことは、それを物語っている。欧米は、宗教文化的にみると、キリスト教ひと色に塗りつぶされている。それに比較して、日本は諸宗教を比較研究するのに、きわめて適した国である。しかし、宗教学がはじめて形成されたのは、日本ではなかった。他の多くの近代的な学問と同じように、宗教学も、西洋文化の中から生まれでた」と述べていた。

一九世紀はじめまでの西欧文化では、すべての宗教は、キリスト教とユダヤ教、イスラム教、および異教の四種類に分けられていた。聖書の伝統の外にあったすべての宗教は、単純に異教として一括されていたのである。しかし、文化の宇宙がずっと広がった今日では、ユダヤ教、キリスト教、およびイスラム教は、一つの一神教的な伝統としてまとめられて、仏教、ヒンズー教、儒教、道教など南および東アジアの諸宗教と対比されるようになっている。

欧米で生まれた比較宗教学における比較の視点は、宗教の多様性を解釈する三つの先行的な立場と対比してみると、判りやすい。西欧で優勢だった立場は、ウィリアム・ペイドンによれば、一、キリスト教主義、二、合理主義、そして三、普遍主義の三つであった。キリスト教の神学者は、彼ら自身の主張する独特の啓示とその他の諸宗教の主張との間の正しい関係をまもることに精力を注いだ。合理主義者は、超自然主義者に反対して、聖書の宗教などの啓示宗教の超自然的、絶対主義的な主張を未開的、迷信的だと攻撃し、新しい理性の時代が出現するという主張のために、比較の方法を用いた。普遍主義者は、古今東西に例をみることができるのであるが、彼らは、すべての宗教の本質的な統一を強調し、すべての伝統は共通の霊的な真理のさまざまに異なる様相にほかならないと解釈した。これらのアプローチは、いずれも、主観的、自己主張的であり、比較宗教学の客観的、価値中立的なアプローチとは反対の立場をとっていた。

キリスト教主義

キリスト教は、神の啓示に理念的な基礎を置き、諸宗教の競合する環境の中で、その他の宗教との関係において、防禦的、自己主張的な性質を身につけていた。キリスト教の教義の核心には、キリストにおける救済の決定的な啓示の確認がある。もっとも早い時期から、「汝わが面の前に我の外何物をも神とすべからず」（出エジプト記、二〇・三）というように、異教と唯一の真の神との区別を命令していた。

キリスト教が諸々の異教を説明したやり方は、おおむね五種類にまとめられる。すなわち、一、悪の諸力の作り出したものとして、二、原始一神教からの歴史的拡散として、三、キリスト教の真理を象徴的に含んでいるものとして、四、行為と信仰が劣ったものとして、そして五、すべての人間の生得かつ独自の霊的能力を表現するものとして、説明してきた。

第一は、「悪の起源」説で、聖書によらない宗教は、楽園を失墜した人間の本質を表すという見方であった。異教徒とは、神の啓示の外にあって、救済されず、暗黒の状態にある人々で、彼らの「ぞっとするような、残酷な、馬鹿ばかしい」信仰と行動が、その堕落した性格を表しているとされた。真の神を持たない人々は、自分たちの欲望を満たす神々を作り出し、自分たちの利己的な、罪深い性格を反省せず、乱飲乱舞と供犠の醜行にふけっているはずだった。一七九六年版の『エンサイクロペディア・ブリタニカ』は、「異教徒の祭りは、主にどんちゃん騒ぎと怠惰にふけるものである」と解説していた。

もう一つの悪の起源説は、他の諸宗教は、魔神あるいは悪魔、すなわち「この世の君主」によって個々に支配されている、というものだった。異教は、悪魔の嘲弄《ちょうろう》的、欺瞞《ぎまん》的、騒擾《そうじょう》的な悪業であり、異教徒の神々は、魔神である。キリスト教徒は、世界中の異教徒の国々では、魔神を称えて、人身御供が行われていると信じていた。異教徒の儀礼といえば、すぐに、フェニキア人の太陽神、バアル神の酒池肉林の乱飲乱舞（列王紀略Ⅰ、一九・一八）や祭りに人身御供の供犠を求めたセム族のモロック神のような神々を満足させるために親がわが子を焼き殺すというイメージ（レビ記、一八・二一）に結び付いた。さらに、プロテスタントは、悪魔はカトリックの忌まわしい行動においても作用している、と信じていた。事実、マルティーン・ルター（一四八三〜一五四六）は、教皇とトルコ人を同じような魔神の代理人として論難したといわれる。

第二は、歴史的拡散論で、キリスト教以外にも宗教信仰があることは認めるが、同時にそれらを認めることによって、すべての人類が共通の出発点から出発して、一つの連鎖の上にたっていることを証明しようとした。この理論は、本当に宗教的なものはすべて、原始一神教から生まれたものであり、誤った宗教はすべて、かつて清浄な源泉に発したものが堕落したものだと主張した。堕落説においては、おおむね、創世記の最初の一一章が、その根拠とされた。さまざまな国々や宗教の拡散の前提となる歴史的背景は、すべて大洪水の生き残り、ノアと彼の三人の息子、ハム、シェム、ジャーペトに遡る。諸々の異教は、聖職者による大衆の操作を通して、あるいは認識が現実から単なる象徴に矮小化することを通して、原初の高貴な一神教からより低級な宗教に堕落した、と説明される。たとえば、エジプトやフェニキアの宗教は、ノアの息子ハムの後裔から出自したが、これら異教を最初に育んだ所は、しだいに唯一で真の超越的な神を忘れ、太陽や星など、天空にあらわれた神のさまざまな力と象徴を崇拝しはじめたのであり、さらに、彼らの逸脱した宗教的尊崇は、動物、樹木、植物、岩石、その他の自然の一部など、もろもろの地上の力のある事物を物神化する方向に向かった、とされた。かくして、さまざまな過ちと不徳につれて、異教が、カルデア、メソポタミア、小アジア、ギリシャなどに広がった、というのである。

もう一方には、剽窃《ひょうせつ》という考え方があった。たとえば、ヘシオドスが神話的に原始の混沌の闇に言及しているのは、創世紀第一章から「剽窃」されたものだし、異教徒の神殿のデザインも、シナイ山のモーゼの神殿の青写真から写し取られたものだ、ということになった。

もう一つの類型に、ユーヒメリズムがあった。この理論は、紀元前三〇〇年ころに、ギリシャの歴史家ユーヒメロスが説いたもので、彼は、ギリシャ神話の神々は、たとえばゼウスの神は、もともと、クレタに実際にいた王だったなど、実は偉大な歴史上の人物を理想化したものにほかならないと主張したのである。キリスト教神学者は、この説を、自分たちの都合のよいように利用したのであって、異教の神々は、すべて神話化された歴史的な人物とされ、したがって、真の神々ではないことが明らかになったとされたのである。この理論は、きわめて強い影響力を及ぼした。

語源学が、歴史的起源の議論の推進を強化した面も、無視できない。言葉の音韻の類似が、すべての宗教をその起源の源泉にまで遡るための根拠とされたのである。たとえば、エジプトのアモンの神は、ノアの息子のハムだとされた。ヒンズー教のブラフマは、もとはアブラハムだったにちがいなく、ギリシャ神話のアトラスは、聖書の登場人物ロトがフェニキアでロタになり、それが崩れてオトラになり、そして最後にアトラスになったとされた。

第三は、比喩説で、他の宗教をキリスト教の真理の喩えばなしだと見なす。ギリシャ人が、すでに、神話の比喩的な解釈の可能性を示していたし、旧約聖書もまた、いかに諸宗教がキリスト教の真理に「向かう」ことができるかを教えた、とされた。旧約聖書のすべてのできごとは、キリストの啓示を「余兆」していたと考えられ、古代ヘブライ人の犠牲と厳粛な捧げ物は、すべて救世主の死と受難を「予告していた」とみなされたのである。

キリスト教の教義と古典の神話を調整しようとする努力の跡は、たいへん多い。多くの神々は、唯一神のさまざまな姿勢を示すものだと見なすことができたからである。

第四のアプローチは、比較神学であって、キリスト教の優れたところを他宗教の劣った性質と比較した結果を示して、具体的、客観的にキリスト教の優位性を証拠付けるという議論であった。キリスト教は、異なった時代には、異なった競争者と直面しなければならなかった。オリゲネス（一八五？～二五四？／アレキサンドリアの神学者、神学の祖といわれる）やアンプロシウス（三四〇？～九七／ミラノの司教）などは、ギリシャやローマの有力な宗教に対抗して論陣を張らなければならなかったし、イスラムの勃興と成功は、この対抗勢力の誤りを示すための作品を多数作らせた。たとえば、イスラムは、聖書の予言を何一つ実現していることを示すことができないとか、その興隆にともなういわゆる奇跡はまったく確認できないとか、ムハンマドの啓示の秘密性はイエスの召命にともなった公示の奇蹟と神の声とのするどい対比を示すとかいった議論がなされた。また、ムハンマド自身がイエスに対抗する有力な競争者になった時には、その人格を傷つけるための証拠が集められた。たとえば、一夫一婦主義のキリスト教徒にとっては、何人もの婦人と妾を持っていたムハンマドは、「足るを知らない好色者」であり、彼は、個人的な権力を得るために神の啓示を偽造した、ずる賢い男として、描写された。一七世紀には、いかに「イエスがマホメットに勝るように、キリスト教がマホメット教に勝るか」が描かれていた。

一は、聖なる精霊によって懐胎せられ、処女から生まれたが、他は、他の男の行為によって生まれた。一は、罪を持たないが、他は、盗人、強盗である。一は、愛、平和、そして忍耐を教えるが、他は、憎しみ、戦い、そして復讐を教える。一は、一夫一婦制により、男の肉欲を制御するが、他は、一夫多妻制により、不浄の手綱をゆるめる。一は、宗教を霊のうちに植え付けるが、他は、外なる肉の儀式とする。一は、神の創られたものすべての節制ある利用を許すが、他は、酒と豚の肉を禁止する。一は、すべての人類に聖書を研究する自由を認めているが、他は、庶民がアルコランを読むこと、あるいはそれをアラビア語以外の言語に翻訳することを禁止している。一は、奇蹟によって働きをなすが、他は、だまし、ごまかしによって働きをなす。

このように、キリスト教に都合のよいように、肯定的なものと否定的なもの、光と闇とが、鋭く対比されていた。

一九世紀になると、アジアの諸々の宗教がわかってきた。ことに、中国文明とインド文明の宗教は、古代社会、未開社会、あるいはユダヤ教やイスラム教の一神教よりも、キリスト教にもっと深刻な挑戦を挑むものであった。一八七一年に初版が出たジェームス・フリーマン・クラーク（一八一〇～八八）の『一〇大宗教・一つの比較神学論』は、この挑戦を護教的に取り上げて、キリスト教とその他の諸宗教を、完全に真理であるものと部分的に真理であるもの、完全なものと不完全なものとして、比較論を展開した。クラークは、新しいアジアの諸宗教と経典の知識が得られたからには、キリスト教をその他の諸宗教と直接的、かつ公平に比較することによって、キリスト教の至高性の主張ができると主張し、「比較神学」は一種の宣教の科学だと説明した。クラークから見ると、ヒンズー教は、霊の実在に関しては十分な感覚を持っているが、物質と創造された世界の認識においては欠けている。仏教は、人間の尊厳を認識しているが、世界における神の次元を見落としている。儒教は、宗教的調和を理解しているが、歴史的なダイナミズムとヴィジョンを欠いている。一方、キリスト教は、神の超越面と受肉面をともに認め、真理の人間面と神的側面をともに認めているのであって、完全で普遍的であり、特別の欠点や他の宗教のような偏りがない。したがって、キリスト教は、すべての宗教の最高の完全性を代表する、と考えられた。クラークにとって、比較神学は、キリスト教が、その他の宗教よりも、より大きな、人種を超えた普遍性とより完全な霊的バランスを体現していることを論証するものであった。

最後に、霊性の尊重と宗教協力の方向があった。キリスト教の比較は、その他の宗教を排除するものばかりだったのではないのであって、もっとも初期の神学者たちの中にも、彼らの信仰とその他の信仰との関係に積極的に注目したものがあった。彼らは、聖書に述べられているロゴス（神の内在的な言葉）の教義は、すべての創造されたものの中に神性が存在し、すべての人間が内在的に神性を持つという考え方だと伝えている。彼らは、この考え方が、キリスト教の知識を全く持っていなかったギリシャとローマの哲学者たちの生活と宗教的観念においても確立されていたことを確認した。後に、一七世紀および一八世紀には、この観念は、「自然宗教」と「啓示宗教」の理念に展開したのであるが、前者は、すべての人類に共通する宗教的感情を示すのにたいして、後者は、特に聖書において啓示されたキリスト教の真理を指す、とされた。このような考え方への現代的な対応の一つが、第二ヴァチカン公会議（一九六三〜六五）である。一例をあげると、その文書の一つは、カトリック信徒たちに、その他の宗教伝統の中の「聖なるもの」を尊重するように訴えただけでなく、この問題を研究し、対話を通して探究するための常置委員会の設置を命令したのである。

キリスト教神学者たちは、その他の諸宗教を、疑念と警戒をもって眺めてきたが、彼らは、常に彼ら自身の固定的、統一的な世界へのこだわりを持っていた。彼らは、その他の宗教を、常にその時々の想定された競争相手として、観察していた。このような疑念ないし警戒感と自己中心主義は、その他の宗教においても、同様であった。たとえば仏教における教相判釈のような、組織的に、ある教義と他の教義を比べながら、その優劣を判断する伝統は、発達した宗教においては、むしろ常態だったのである。

合理主義

宗教の比較は、信仰を護るために使われただけでなく、合理主義者による宗教攻撃の手段としても使われた。合理主義は、理性は人間の最高の能力と達成と見なして、いかなる超自然的な解釈にも反対し、宗教の時代は科学の時代に道を譲ると主張した。このような世俗化理論の萌芽は、すべての神々と神話は人間の心の投影として説明できると考えた、ギリシャやローマの哲学者において、すでに現れていた。そして、キリスト教の支配に挑戦した啓蒙主義の時代に、明快に表現された。

合理主義の発展に重要な役割をはたしたのは、一七～一八世紀に、イギリスとフランスで展開した理神論であった。理神論は、中世のキリスト教と近代の合理主義の間の中継ぎであった。一方において、理神論者は、超自然主義者の歴史解釈を信用しなかったが、他方において、彼らは、至高の宇宙の創造者への信仰と愛の理想こそ人間が達成できる最高のものだと主張した。理神論は、人類の多くが宗教的な過ちを犯したという考え方を受け入れて、キリスト教史の大半をも、そのリストに加え、ユダヤ―キリスト教と未開宗教との間に断絶を認めなかった。フランソワ・ヴォルテール（一六九四～一七七八）は、多くのキリスト教徒たちの「ばかげた」行動を指摘しつつ、「どうすれば、彼らはよくも厚かましくラップランド人やサモア人や黒人を笑いものにできるのだ」と攻撃した。デヴィッド・ヒューム（一七一一～七六）は、『宗教の自然史』において、「カルタゴ人や、メキシコ人や多くの野蛮な諸国の人身御供は、ローマやマドリッドの異端審問や迫害の野蛮性を超えるものではない」と述べていた。

合理主義者は、キリスト教の権威にまったく抑圧されることなく、自由に宗教史を書くようになった。「自然」宗教史の探求は、しばしば革命的な怒りとキリスト教の抑圧からの自由を求める熱情を伴っていた。合理主義者は、比較の方法を新しい武器として用い、キリスト教神学者の護教論と主客を転倒し、未開宗教とキリスト教はいずれも人類が犯した同じ誤りの例だとした。ジェームス・G・フレーザー（一八五四～一九四一）の『金枝篇《きんしへん》』の一九〇〇年版の序文には、以下のように書かれている。

人類の希望と願望が長年にわたってそこに人生の嵐とストレスからの避難所を求めてきた信仰の基礎を叩くということは、実に憂鬱で、ある意味では有難みのない作業である。しかし遅かれ早かれ、比較研究の砲台が、何千ものやさしい聖なる観念連合の蔦と苔と花とで掩われたこの神々しい壁を壊さなければならないことは、自明である。現在、我々は、これまでまだ発火しはじめていない、大砲を位置につけつつある。いかにも不作法に粉砕された古い構造をより美しい、より永続的な形に作り上げる仕事は他の人々の手に、おそらく他のもっと幸せな時代のために取っておくことになる。

合理主義者は、いずれかの宗教がそれ固有の持ち物として誇ることのできるのは何でも、その他の諸宗教にもまた存在することを示した。彼らは、比較の手続きを、キリスト教の絶対性を解体するために用いたのである。

ヒューム、フレーザー、その他の啓蒙時代の合理主義者は、キリスト教神学者の唱えた宗教史には純粋な一神教の原初の時期があって、そこから堕落が起きたのだという考え方を逆転した。彼らは、すべての宗教が未開の起源を持っていたこと、言いかえれば、異教が人類の宗教の原点であると主張した。聖書の宗教も、人間のもっとも粗野で古代的な状況の中で幼児期、成長期を送ったことを示すために進化の概念を使い、宗教史は、呪術への依存、死者の礼拝、自然物の崇敬、そして多神教から始まったと主張した。合理主義の権化ともいうべきジグムント・フロイト（一八五六～一九三九）は、「比較研究は、われわれが崇敬する宗教的な考え方と未開の人々および時代の頭脳の産物との運命的な類似性によって、貫かれている」と述べていた。

合理主義者は、すべての超自然的な宗教は、おそれ、のぞみ、そして人間性についての前科学的な、まちがった理屈付けに遡ることができると考えた。キリスト教神学者は、真の宗教と誤った宗教とを区別して、自分たち自身の信仰に特権的な地位を与えたが、合理主義者たちは、このような特別あつかいは一切認めなかった。しかし、合理主義者は、彼ら自身のイデオロギーの宗教世界への押しつけを避けることはできなかった。

合理主義者は、彼らは、例外なく、宗教を、人間の本質であれ、社会進化の何らかの要素であれ、一つの源泉にまで、遡る立論を行い、彼ら自身の作り上げた統一的な図式を宗教史に押しつけた。宗教の源泉は、「フェティシズム」か（シャルル・ドゥ・ブロス）、「自然の諸力とイメージの尊崇」か（デピュイ）、祖先崇拝か（スペンサー）、階級闘争か（マルクス）、聖なる集団の価値あるものか（デュルケム）、心理的未成熟か（フロイト）、なのだという説明がされていた。もっとも影響力があったのは、エドワード・B・タイラー（一八三二～一九一七）の『原始文化』（一八七一年）において展開されたアニミズム説で、それはいかに宗教が霊魂への信仰から展開したかを示した。二〇世紀のはじめにおいては、合理主義者の理論は、すべての宗教を、何らかの社会的もしくは個人的なニーズに還元してしまっていた。

普遍主義

諸宗教の比較の第三の枠組みは、普遍主義である。普遍主義は、すべての宗教が共通の霊的な実態を含むこと、あるいは少なくとも同じ目標にむかうさまざまな道を持つものであると措定《そてい》した。普遍主義は、個別、偏狭主義に対決した。それは、現実に存在する諸宗教の多様性の根底に、普遍的に合致する共通点を見いだし、すべての宗教が同じ至高の、神聖な目標を目指している、と認識した。

普遍主義は、古典時代のストイシズムと新プラトン主義において高度に発展し、さらに、ロマンティシズムとトランセンデンタリズムの運動の中で展開した。それはまた、アジアの諸伝統の基本的な前提とも重なっている。

古代の世界には、「神々の相当」という原則があった。紀元前五世紀のギリシャの歴史家ヘロドトゥスは、この原則にしたがって、隣りのエジプトの神々は単に世界を治めるギリシャの神々のその国における名前だと考えた。アモンは単にゼウスのエジプトにおける名前であり、ホルスは実はアポロであり、イシスはデメーテル、オシリスはディオニソスであった。ジュリアス・シーザーは、ケルト民族の主宰神は、マーキュリーだと述べたとされているし、タキトゥスは、ドイツ人の間に、彼自身の神々、ヘルクレスとマルスを発見した。他民族の神々は、実は異国の神々ではなかったのであって、同じ普遍的な諸原則の別の名称、もしくは、同じ聖なる存在の異なった属性の名称だった。新プラトン主義の伝統は、神的な存在の永遠の世界を相対的で物質的なさまざまな真理から区別して、普遍主義的な考え方に形而上学的な基礎を与えた。そしてその影響力が、ルネサンス期に再生したのである。

理神論は、合理主義の一つの源泉であったが、普遍主義の一形態でもあった。理神論は、一面でキリスト教の主張に対する攻撃をしたが別の面では、すべての人間社会に共通の、底流的で、高次の、普遍的な「自然宗教」があることを強調した。理神論は、文化に現れる宗教意識には、啓蒙された賢いもののレヴェルと、愚かな大衆のレヴェルとの二つがあったという。第一は、至高の存在の高次の観念を理解する。後者は、奇蹟と呪術についての迷信的で、野卑で、狂信的な観念の中をうろつきまわる。宗教的な事柄について、大衆は合意しないが、賢くて本当に聖人的な人々は合意する。一八世紀には、孔子の著作が、その天の和との調和についての観念とともに、キリスト教から空間的・時間的にはるかに離れた文化においても「自然宗教の人」が到達できる啓蒙されたレベルの例として、しばしば引用された。

普遍主義者は、諸々の文化と伝統を宗教的な知恵の泉や尺度として称揚した。ある人々はギリシャの神々の時代に「偉大な時代」を見いだしたが、他の人々（ことにドイツのロマン派の人々は）エジプト、中国、あるいはインドを、深淵で、普遍的な宗教的な真理の源泉だとした。ある学派は、モーゼが彼の宗教的な考え方をエジプトの神秘主義的な僧団から学んだと主張したし、また別の華麗な推論は、モーゼの五書、が孔子の五経と同じように、ヒンズーの五つの古典から由来したものだ、と唱えた。

アジアの諸宗教は、二〇世紀の西欧の普遍主義的な思想の多くの源泉であった。古典的なヒンズー教にとって、すべての生命は一つの神聖な存在、ブラフマン、の顕現《けんげん》であり、何百万もの神々は、それによってブラフマンが有限の意識に現れる多くの顔なのである。一九世紀のラーマクリシュナは、ヒンズー教の普遍主義の有名なスポークスマンであったが、彼は、「私は、ヒンズー教、イスラム教、キリスト教など、すべての宗教を実践してきたし、また私はさまざまなヒンズー教の教派の道をたどってきた。私は、いろいろと違う道を通っているのだが、すべてが同じ神にむかって道を歩んでいることを発見した。……一つの湖には、いくつもの上陸場がある。一つのところでは、ヒンズー教徒が壺に水を汲み、それを「ジャル」と呼ぶ。別の場では、イスラム教徒が皮袋に水を汲み、それを「パニ」と呼ぶ。また別の場では、キリスト教徒がそれを「水」と呼ぶ。……違う名前がいくつもついているけれども、実体は一つであり、一人一人は同じ実体を求めているのだ。ただ、気候、気質、そして名前が違いを作っているだけなのだ」と説いた。ヒンズー教は、このような論旨で、他の諸宗教を包含する方法を持っているのである。

中国や日本の土着の神々も、ごく普通に、宇宙的な仏陀や菩薩の権現であると解釈されている。たとえば、日本の太陽神、アマテラスは、大毘盧遮那仏《だいびるしゃなぶつ》の権現だと認識されている。仏陀や菩薩は「本地《ほんじ》」であり、神道の神々はその「垂迹《すいじゃく》」なのである。ただし、後になると、本地と垂迹の関係が、神道の理論家たちによって、逆転させられた場合もある。

キリスト教神学者の比較、合理主義者の比較、普遍主義者の比較、これら三つの立場は、いまも活発である。これらは、西欧人が宗教の多様性を解釈する一般的なやり方を代表している。これらの立場は、各々、特徴的な状況に応じた目的と論理、比較の手順、解釈の方法を持っていた。キリスト教神学者は、つねにその他の信仰との関係の問題に直面した。合理主義と普遍主義は、それぞれに異なったやり方で、伝統的な宗教の主張を超克しよう、と努力を続けた。
しかし、伝統的な比較の立場は、いずれも限界に達した。今や、伝統的な比較とは、全く装いを異にした新しいアプローチ、比較宗教学の必要性が明らかになった。次章で展開する比較宗教学は、論争ではなく、「理解」という目的を持っている。それは、上記三つの立場に並ぶもう一つの理論というにとどまらず、本質において、イデオロギー的ではなく、学問的である点において、特徴を持っている。新しい比較宗教学では、宗教は、特定の立場の正しさの主張としてではなく、価値中立的な研究課題としてアプローチされるのである。

参考文献

岸本英夫『宗教学』大明堂、一九六一年
ウィリアム・ペイドン『比較宗教学』(阿部美哉訳)東京大学出版会、一九九三年
ジェームス・フレーザー『金枝篇』(永橋卓介訳)岩波文庫、一九七一年
E. B. Tylor, *Primitive Culture*, 2vols., Murray, 1871 (Harper Torchbooks, 1958)

2 宗教現象

学問的な研究の主題として宗教をとりあげるときには、宗教行為や宗教現象は、永遠の真理のサンプルとか、奇習、珍習の集積としてではなく、記録され、分析され、そして理解されるべきものとしてアプローチされる。

比較宗教学の誕生

比較宗教学という言い方は、近年、あまり使われなくなっている。多分、比較は、学問にあっては当然だからかもしれない。しかし、約一世紀前には、比較宗教学とか宗教の科学という分野は、新しい学問の誕生として、大きなインパクトを持っていた。宗教が、歴史や社会と同じように、客観的な方法で調査分析できる一つの学問の対象になったことが、革新的だったのである。この新しいアプローチを提唱した人々によって、宗教の比較は、キリスト教主義者にも、宗教に批判的な合理主義者にも、観念の世界に遊ぶ普遍主義者の手にも、ゆだねてしまうわけにはいかないと考えられた。この新しいアプローチは、その他三つのアプローチと違い、形而上学的な解釈ではなく、偏らない探求というパラダイムを採用した。

比較宗教学のアプローチは、キリスト教主義、合理主義、あるいは普遍主義いずれかとは、まったく異なった焦点と目的を表現していた。宗教が、真に、研究され、理解されるべきものとして、位置づけされたのである。比較宗教学ないし宗教の科学の樹立をめざした学者たちは、おおむねリベラルなクリスチャンであったが、彼ら自身の信仰と彼ら自身による他の人々についての研究とを混同しないように、客観性を保つように、意識的に努力した。

比較宗教学の開祖としての栄誉を担うのは、ドイツ生まれの東洋学者で、一八四六年にオックスフォードに行き、そこでその後の生涯を比較宗教学の教授として送った、F・マックス・ミューラー（一八二三〜一九〇〇）である。宗教研究は、いわば彼によって、一定の価値を前提とする他者の批判の道具という役割を放棄し、本当に宗教の意味を探求する人々にさまざまの要求を突きつける人文学の一分野になったのである。

学問的な宗教の比較を、その他の種類の比較と区別するきめては、対象の客観的な理解の強調であった。キリスト教主義者が贋者の宗教を拒否し、合理主義者が啓蒙されていない信仰を拒否し、普遍主義者が個別主義を拒否したように、比較宗教学者は、客観的な現象の理解を妨げるいかなるイデオロギーをも拒否した。この新しい学問分野は、長く支配的であったキリスト教主義の正統性の主張に対抗し、合理主義および普遍主義にも対抗して、宗教そのものを理解する学問領域を創設したのである。

比較宗教学は、キリスト教主義と合理主義の双方の陣営と対立し、ミューラーは、両者からの批判にさらされた。前者は、「宗教は、科学の対象とするにはあまりに尊い」ものだと考え、後者は「錬金術や占星術、誤信や幻想の断片などは、科学者の考えるべきこととしては低過ぎるレベル」の問題にすぎないと攻撃した。今日、宗教を客観的に研究する学問が、「宗教の科学」とよばれることは、ドイツ語圏やフランス語圏ではある程度あるけれども、英語圏ではほとんどなくなり、むしろ「宗教史」「宗教史学」「宗教現象学」「比較宗教学」などという呼び方がされている。

宗教の比較研究は、人文学一般の視野の広がりと比較研究の展開に向かっての、より広い、流れの一部であった。ミューラーおよびその学派は、比較言語学がいずれか一つの言葉をわかるために、比較解剖学がいずれか一体の遺体をわかるために、不可欠の意義を持つのと同じように、比較宗教学は、いずれか一つの宗教を理解するために、不可欠の意義を持つと主張した。彼らは、生命科学が、比較研究の方法によって進歩したように、宗教の研究も、比較研究の方法によって進歩すると考えた。そして、ミューラーは、ゲーテが、言語について、「一つの言葉しか知らない人は……一つの言葉をも知らないのだ」といった事を好んで引用したのである。

比較宗教学の誕生は、アジアの諸宗教についての、正確な、第一次資料が得られることによるところが大きい。このことが、世界的な、比較の可能性を作り出し、宗教史を聖書的な伝統と異教徒的な伝説との対立とみなした狭い西欧的な見方を、陳腐化せしめた。ミューラー自身が、サンスクリットをはじめとする東方の言語に秀でた文献学者であり、翻訳者でもあって、『東方聖典』翻訳シリーズの編集者でもあった。

東洋には、それ自身の宗教的な立場をそれ自身の宗教的な言語で述べる思想があり、文献があり、宗教の世界の「もう半分」が、今やそれ自身のテキストを通して現れたのである。東洋には、仏教および東アジアの神観念なしに宗教的な機能をはたしている伝統があり、そこには、ウパニシャッド、バガヴァッドギータ、四書五経、老子道徳経など、精神的な幅と深さにおいて西洋の聖書に劣らない、宗教的にも洗練された聖典があった。この事実が、西洋の一神教が人類の宗教的本質の唯一の原型だという、偏狭な考え方を崩していった。東洋の聖典の学術的な翻訳が出版され、オックスフォード大学に比較宗教学の講座ができたことが、幅広い文明の比較と、聖書的な一神教をより幅広い文脈の中においてみるという比較宗教学の実現を可能にしたのである。

それぞれ自身の自己規定をする、中核的な価値と儀礼の体系を持つ人間文化のなまの言葉を学ぶことは、それら自身の論理でそれらを理解しようとする研究者にとっては、不可欠の条件となった。こうして、ヨーロッパのエスノセントリズムは崩壊し、キリスト教主義は相対化し、文化相対主義が受容されたのである。

こうしておよそ一〇〇年前に誕生した比較宗教学のきめては、四つの命題にまとめることができる。第一は、すべての宗教的事実を、本質的に真実か誤謬かという見方をするのではなく、「現象」として、尊重することである。第二は、これらの事実を、類型的な分析を通して、総合することである。第三は、諸々の宗教的な表出を、それぞれの文脈において理解することである。第四は、宗教的な現象を宗教的にしているものが何であるかを探求することである。

研究主題としての宗教現象

比較宗教学の第一原則は、いずれかの宗教を、特別の地位におくのではなく、すべての宗教を「現象」とみなすことであった。これは、諸々の宗教的な行為と表出を、単なる虚構だとか、永遠の真理だとかいったレッテルをはるのではなく、記述し、理解すべき事実とみなすことを意味した。ミューラーが、一八六七年に行った、宗教の科学の可能性についての発言は、宗教現象についての新しい資料が大量に入手できるようになったことと無関係ではない。彼が、哲学者の臆測的な解釈に挑戦し、諸宗教の歴史と比較に関して素人の意見と玄人の専門意見とを確固として区別できたのは、東方の聖典を基礎に据えることができたからであった。

宗教現象を取り扱う方法は、宗教の事実が物質世界の事実とは違っているので、実験科学の方法とは異なる。その他の人文学の諸分野の研究対象と同じように、宗教現象は、実験よりも、理解を必要とする事実だからである。ウィリアム・ジェームス（一八四二〜一九一〇）は、『宗教経験の諸相』（一九〇一〜〇二）において、宗教経験の第一次資料を慎重に提示して、偏らない観察と分析を行い、確固とした、事実提起のやり方を確立した。ジェームスの回心や神秘体験などの宗教経験の類型理解の成果は、客観的な宗教研究の一つのモデルとして、神秘体験を、真実だとか幻想だとかとしてでなく、調査に基づく理解として提示することに成功した。

宗教現象を、それら自身の文脈で把握するために、研究者の偏見を括弧に包み込むという考え方が、オランダ人のゲラルダス・ファン＝デル＝レーウ（一八九〇〜一九五〇）らヨーロッパ大陸の宗教現象学派によって、強調された。現象学的な理解の主たる関心は、宗教の構造は人間の経験の中に存在することを、示すにある。宗教の現象学的研究は、形而上学的な解釈を避けるとともに、「真実」が当事者に意味することこそが真実の現象であるとして、これを注意深く観察する。

宗教現象学者は、彼らの研究主題を、聖なるものないし神聖なるものの経験に集約した。二〇世紀におけるこの分野のもっとも重要な研究者であるミルチア・エリアーデ（一九〇七〜八六）は、これらの状態を示すために、字義どおりには、聖なるものの顕現《けんげん》を意味するヒエロファニーという言葉を導入した。かつて、キリスト教徒が偶像崇拝と呼び、いまでも、合理主義者が誤った信仰と呼ぶものは、実際には、人々が、特定のものないしシンボルを通して、聖なるものを経験することにほかならない。動物、石、樹木、聖化された羽毛の束などは、それらのもの自体が崇拝されているのではなく、それらが聖なる物を顕わしている限りにおいて、崇拝されているのである。これら聖なるものの顕現は、質素な、地域的なものでも、あるいは神秘的な、全宇宙を神と結び付ける統合のヴィジョンでも、一種の絶対性を持っている。ヒエロファニーは、あるいは瞑想的な状態で顕われても、あるいは公的な儀式において顕われても、聖なる世界と俗なる世界、超自然と自然を、単一の宗教的な事実に結び付ける。彼らは、宗教の歴史は、このような現象の歴史だったと理解するのである。

宗教現象の類型化

研究主題としての宗教現象という基本的な考え方をとると、宗教現象を、正確に分類し、分析し、その構造と形式を類型化することができるという議論が生まれた。宗教は、つねに分類されていたが、従来の分類は、客観性あるいは不偏性と同義ではなかった。聖書の神以外のすべての神々は悪魔であるとか、歴史的な英雄であるという神々の分類やギリシャの神々は各々何らかの徳または不徳をあらわすという考え方は、確かに一種の分類であった。しかし、真理の探求の精神をもって、事実たる宗教現象を総合し、分類することは、まったく新しい理念であった。

宗教研究における客観的な分類の基盤は、聖書がいまだに人類の歴史の操作的なモデルであり、外の世界の大半がいまだに見えていなかった一九世紀以前には、存在していなかった。歴史的、類型論的に、別々の宗教が実際にどのように関係していたかを選り分けることが、組織的な仕事はじめだった。古い異教の歴史に置き代わる、新しい系統図を作る初期のこころみは、比較言語学のモデルにしたがって進められた。ミューラーは、新たにわかったインド・ヨーロッパ語の系譜を指摘し、いまやすべての言語の起源をヘブライ語に求めることが主張できなくなったことを想起せしむるとともに、諸言語の本当の伝統と対応する諸宗教のグループを区分したのである。

比較宗教学者の多くは、諸宗教の種類を、未開のものから進歩したものへ、物質的なものから精神的なものへという、進化論的な図式を採用した。ことに、タイラーをはじめとする、多くの人類学者は、宗教は、諸々のものが霊を持つという信仰である単純なアニミズムにはじまり、多神教を経て、一神教に到達することを証明できる、と信じていた。しかし、一九世紀の終わりのころには、この図式は、歴史に則しているというよりは、一神教的な基準を押しつけるものであることが明らかになり、やがて放棄された。

別のかたちの比較研究の業績は、宗教史の再分類と同時に作り出された、諸々の宗教生活に共通の構造を分類する、宗教の系統分類すなわち宗教類型論であった。近代的な宗教類型論の起源は、P・D・シャントピー・ド・ラ・ソーセー（一八四八〜一九二〇）が一八八七年に著し、『宗教の科学のマニュアル』として出版された百科事典的な業績に遡る。大きな影響を与えたこの著書において、シャントピーは、第一部を、「現象学的」と名づけ、宗教現象を、占い、いけにえ、祈り、聖なる踊りと音楽、行進、きよめの儀礼、および聖なる時間と場所などの宗教行為と、石、樹木、動物、空、地球、太陽、月、火、祖先、成人、英雄、および神々など、典型的な崇拝対象などの「種類」によってグループ分けして、記述した。さらに、彼は、聖職者（およびその他の専門家）、聖典、宗教共同体の諸類型、神話、および神学などの範疇を立てていた。シャントピーは、各々の範疇を異なった文化からの事例をひいて例証し、諸現象のそれぞれの種類についての研究成果を要約した。彼は、解剖学的接近とでもいうべき方法で、異なった歴史的諸伝統の並列的記述を超える主題的研究の可能性を開いたのである。

類型論的な研究は、諸宗教の在庫目録を作るだけにはとどまらなかった。それは、歴史理解の支柱としても、使われた。類型論の視点を聖書の読解に応用した例に、ウィリアム・ロバートソン・スミス（一八四六〜九四）の問題作『セム族の宗教』（一八八九）があった。スミスは、一八八〇年に、歴史的、比較的な見解を聖書の解釈の中に取り込んだという理由で、アバディーン大学の教授職から停職処分になっていたが、この研究は、古代の聖書宗教を中東の環境の中での儀礼類型の文脈でとらえ、聖なるもの、タブー、聖なる場所、および聖なる石および樹木などの宗教比較の範疇が、初期ヘブライの宗教の理解に適用できることを、示したのであった。

比較の方法が役に立つことを示したさらに大きな影響力のあった業績が、ジェームス・G・フレーザーの『金枝篇《きんしへん》』(初版一八九〇年)であった。フレーザーは、ローマ市外の森におけるダイアナの司祭職の継承規則に含まれていた、得体の知れない宗教儀礼の記述から出発した。この慣習は、新しい司祭王が着任する前に古い司祭王を殺すことを求めたものであるが、ここから、彼は、多くの古代文明に共通して見いだされる定期的に王権を更新する祭式の中に、王を一定の統治期間の後に殺害した儀式の痕跡が認められるとした。フレーザーがみずから述べている目的によれば、膨大な『金枝篇』(第三版では一二巻になった)の全編は、類似のテーマを伝える通文化的な材料を駆使して、もっぱらこの一つの儀礼に光りを与えるための試みなのである。この書物の各部分は、聖なる王権、儀礼的な死、そして植え付けやその他の豊饒儀礼を通じての儀礼的な再生を、延々ととりあげる。この研究は、今日では説得力を失っているけれども、フレーザーは、理解不能な古代ローマの儀礼を比較の文脈におき、そうすることによって一種の理解可能性を与えたのである。

今世紀の比較宗教学者は、比較の視座のさらに新しい使い方を展開し、諸類型そのものの宗教的意味を理解しようとする。これは、現代のもっとも有力な比較宗教学者であるG・ファン＝デル＝レーウとM・エリアーデの業績によく示されている。彼らは、それぞれ交差文化的な材料を用いて、宗教生活の諸形態の宗教的な性格と機能を提示した。彼らは、儀礼や象徴の諸類型を、聖なるものの経験の運び手、ないしは様相として理解した。彼らは、いけにえや天地創造論など宗教的生活の諸形態を、聖なるものの経験という文脈、すなわち特別の問いと理解を必要とする文脈に本質的に結び付くものとして、示したのである。

ファン＝デル＝レーウは、大著『宗教の本質と表出』（一九三三）において、およそ一〇六の宗教形態の意義についての理解を表現するために、詩、私的な書簡の一部、あるいはゲシュタルト心理学の原理などを引用した。彼は、各々の現象形態の宗教的な価値と機能を求めて分析を進めるとともに、理解という方法と目標を強調した。

エリアーデは、天地創造の神話、年々更新される儀礼、通過儀礼などの類型と、天や地などの「中心」の象徴が、それら自身の体系を形作っていることを強調した。エリアーデによれば、類型と歴史の研究は、相互補完的であり、いかなる象徴あるいは儀礼の歴史も、継続と革新の両方を示す。すなわち、諸々の社会は、共通の主題について、諸々の新しい解釈を作る無数の方法を示すのである。

エリアーデは、世界の中心を表すと思われる多数の構造と事物について書いている。彼は、世界中に、自分自身の儀礼あるいは儀式の中心が、天と地、人々と神々を繋ぎ、神聖性への開口部ないし通路を与える「宇宙の臍」である、という信仰があることを発見した。この中心は、山、寺院、あるいは神社などの場所があり、移動する場合も、固定されている場合も、ある。世界は、この中心をめぐって、居住可能になり、方向付け可能になる。すなわち、「宇宙の臍」とか「世界の中心」

という言葉は、論理の誤りではなく、原型が作用していることを示している。多くの世界の中心の存在は、空間に軸を作ろうという一般的な動機があることを示す。そして、それは、具体的などのような空間にも、秩序ある宇宙を求める継続的、主題的、人間的な要求があることを納得させる。

すべてのムスリムがそちらに向かって毎日礼拝し、そこへ一生のうちにいつかは神聖な巡礼を行うべき「中心」としてアラーによって定められたムスリムのカーバは、人間が宇宙と世界を経験する歴史への参与とみなされる。同じことは、キリスト教徒のエルサレムのキリストが復活まで横たわっていた聖墓の教会の信仰にもあてはまるし、あるいは伝統的な中国やバビロニアの皇帝の都を天と地とをつなぐ至高かつ不動のリンクをあらわす言葉にも、あてはまる。

このように、比較の視点は、特定の伝統や歴史に、文脈、次元性、およびある人種の人間性を与える。それは、さもないと異国的な、劣った、奇怪なものにおとしめられたかもしれないものを、世界に親しめるものに作り替える。比較による理解は、ここでは、歴史を無視するのではなく、歴史に包括的な深みを与える。

文脈の理解

現代の比較宗教学のもう一つの命題は、それぞれの人々の世界の中で宗教現象を理解することである。前近代の研究者は、自分たち自身の世界一つだけの真理を前提としたので、その枠組みによってその他すべての世界を判断した。

宗教現象が、研究者にどのような意味を持つとしても、それは二次的であり、信者に対して持つ意味は、一次的である。宗教は、つねに誰かの「かけがえのない」宗教である。宗教がそれを信奉する人々にとって意味するところと研究者にとって意味するところとの区別に失敗すると、多くの混乱がおきる。ファン＝デル＝レーウやエリアーデさえ、象徴が、実際信じている人々において持つ意味を十分に配慮していないという多くの批判を受けたのである。

信者の視点を理解するという原則にもっとも貢献したのは、宗教史家である。その中には、W・C・スミスのように、ヨーロッパの宗教の前提が当然だと受け取られることが不可能な、イスラム世界の場を研究領域に選んだ人々もいる。スミスは、W・ディルタイ（一八三三～一九一一）の伝統を受け継いで、人文学における知識は、他の人々の経験を「解説すること」にあるのではなく、「理解すること」にある、と認識した。彼は、宗教的な人々を離れては宗教的なものは何もないのであるから、何が宗教的なもので「ある」かはこれらの人々にとってそれらが「意味する」ことにほかならないことがわかるとし、それこそが正確で真に客観的であるから科学的であり、同時に、それこそが他の人々の立場を心をこめて理解することだから人文学的だ、と考えた。

宗教がそれ自身の世界で意味することとそれが解釈者の世界で意味することとの区別を具体的に明確化するには、まだ道は遠いのである。

宗教のきめて

何ものかを宗教的にするものは、一体何なのか。比較宗教学の研究対象に含むべき範囲は、一体何によって決定されるのか。比較宗教学が比較するのは、一体何を比較するのか。宗教が、歴史学、社会学、文化人類学、あるいは地理学によって十分に理解されるのなら、比較宗教学の分野は、不必要なのではないか。宗教が特別の研究分野と範疇を必要とするのだとすれば、他の研究分野と範疇に帰することができないものとは、一体何なのか。

比較宗教学は、その研究主題が、ある特別な種類の現象、ある特別な種類の経験、そしてそれ自身の特殊な世界を仮定するある特別な種類の体系を構成することを前提とする。宗教は、それ自身の準拠枠を持つから、別の準拠枠を持つ分野に還元することはできないのである。社会科学の諸分野による宗教全体を宗教以外の言葉で説明し、その準拠枠に還元しようとする執拗な努力に対して、比較宗教学は、宗教現象が、宗教固有の内容、言葉、および意味を持つことを示すことに、力を注いできた。

宗教の定義は多様であるが、比較宗教学者の間には、宗教が、聖なるもの、ないしは神聖なる行動および表象が表現される現象である、ということについては、いつもある種の合意があった。世紀の変わり目頃における「マナ」への関心から、エリアーデの著作にいたるまで、聖なるものの概念は、他に帰すことのできない宗教生活の本質を定義する、きめてになっていた。聖なるもののとらえかたには、多くの異説があるが、ことに重要なものが三つある。

第一は、ルドルフ・オットー（一八六九〜一九三七）の個人の特殊な感覚ないし体験に着目した定義である。オットーの『聖なるもの』（一九一七）は、聖なるものの経験を「絶対他者」の認識として記述し、これが今日にいたるまで、ひろく受け入れられている。それは、畏怖的であるとともに魅惑的であり、なおかつ恐ろしい神秘的な実在と力として描かれている。オットーは、これを「ヌミノーゼの感覚」と名づけたのである。

第二に、同じように今日に至るまで影響力を持っているのは、宗教の社会的起源、本質、機能に着目した、エミール・デュルケム（一八五八〜一九一七）の定義である。デュルケムは、『宗教生活の原初形態』（一九一二）において、諸々の集団を構成する人々の世界と儀礼行動において聖なるものがはたす機能に焦点をあてた。デュルケムは、たとえば本来の仏教には神がないように、すべての宗教が神観念を持っているのではないが、すべての宗教は、何らかの、特定のもの、儀礼、原則、偉人、あるいは神々であれ、聖なる集団表象を持つ共同体によって構成され、そしてすべての集団は、その成員にこれら聖なるものとの関係においては、聖なるやりかたで振舞うことを強制する、と論じた。第三に、「宗教とは、人間生活の究極的な意味をあきらかにし、人間の問題の究極的な解決にかかわりを持つと、人々によって信じられているいとなみを中心とした文化現象である」という、岸本英夫の定義がある。岸本は、人間の生活活動を中心として、宗教を捉えようとする立場をとり、宗教が人間生活の中で、どのようなはたらきをしているか、どのような役割りをつとめているか、という角度から宗教を規定した。そして、その但書として、「宗教にはそのいとなみとの関連において、神観念や神聖性を伴う場合が多い」とつけ加えた。人間の側に中心を置いて宗教をとらえる傾向は、田丸徳善によれば、日本の宗教学の一つの特徴になっている。

比較宗教学者の大勢は、宗教の宗教たる中心を、聖なるものにおいている。いいかえれば、聖なるものは、それにたいして宗教意識が反応し、もしくは人間の集団によってそれらのものや行いに価値が付与されるものである。すべての宗教行動は、聖なる経験と俗なる経験とが区別されることを根底において行われる。

宗教の比較研究は、時代の要求と挑戦にしたがって変化してきた。それは、かつてキリスト教主義、合理主義、普遍主義のしもべとして展開した。やがて、教義と科学の選択をせまられた時には、それは、科学と協調した。宗教を歴史の遺物だと考える人々に直面した時には、新しいテーマと展望を作り出した。そして、還元主義に直面した時には、聖なるものを宗教固有の範疇として、比較宗教学の存立の根拠を明らかにした。比較宗教学は、適応と自己矯正の能力を示してきた。それは、新しい時代の知的挑戦にこたえて、さらに発展し続けることが期待できるのである。

参考文献

ウィリアム・ジェームス『宗教経験の諸相』（桝田啓三郎訳）岩波文庫、一九七〇年
ゲラルダス・ファン＝デル＝レーウ『宗教現象学入門』（田丸徳善、大竹みよこ訳）東京大学出版会、一九七九年
W・ロバートソン・スミス『セム族の宗教』（永橋卓介訳）岩波文庫、一九四一年
エミール・デュルケム『宗教生活の原初形態』（古野清人訳）岩波文庫、一九四一年
ミルチア・エリアーデ『世界宗教史』（荒木美智雄、中村恭子、松村一男訳）筑摩書房、一九九一年
ウィルフレッド・C・スミス『現代におけるイスラム』（中村広治郎訳）紀伊國屋書店、一九七四年
ルドルフ・オットー『聖なるもの』（山谷省吾訳）岩波文庫、一九六八年
岸本英夫『宗教学』大明堂、一九六一年
田丸徳善『宗教学の歴史と課題』山本書店、一九八七年

3 宗教の世界

さまざまな宗教は、各々さまざまな世界を構築している。諸々の宗教は、みな同じ世界に住んでいるわけではなく、それら自身の宇宙を構築し、変化を続けている。これらさまざまな宗教の世界は、それぞれに聖なるものを表象し、聖なるものによって規定される。この章では、さまざまな宗教の世界の中に、聖なるものがどのように現れているか、どう変化しているかを展望する。

世界の多元性

世界が多元的であるという考え方は、自ずから出てくるものではない。現代人の多くにとっては、世俗的で、メディア志向の文化が、共通の世界であるように思われ、唯一の世界が何であるかを、知っているように感じられる。世界を、何かそこにもとからあるもののように見ると、それが人々の活動の産物であるということを見落とし、他者の行為と信仰も、とかく自分の体系の脈絡で判断してしまうのである。キリスト教徒の、合理主義者の、そして普遍主義者の世界に対する見方は、自分以外の宗教の世界を、すべて、一つのイデオロギー的な宇宙の文脈で解釈してきたのである。

世界の多元的な性質は、現代の日常の言語においても、確認できる。普通の話法における、「政治の世界」、「僧侶の世界」、「神々の世界」、「人間の世界」、「幻想の世界」、「中世の世界」、「モーツァルトの世界」、「ベドゥウィンの世界」、あるいは「彼自身の世界」というような語句は、人々の生活の多様性を示唆している。これらの用法は、比喩的なだけでなく、宗教の世界の関係する諸々の世界との相関関係に言及することになる。

世界は、もっとも広い意味では、種が存在するのと同じ数だけ存在する。すべて生きているものは、自らの器官と活動様式を通して「ものがあるあり方」を選び、感じ、自らの需要、感覚、そして価値に従って、環境を造りあげる。彼らは、彼らが必要とするものを見たり、嗅いだり、感じたりするのであって、それ以外は、何も存在しないのかもしれない。世界は、どのような被造物の集まりであっても、選択と排除の二重の過程によって、規定されている。

多元的な世界という考え方には、近代思想の潮流の合流点に、いくつかの代表的な概念モデルが見いだされる。宗教の世界は、そこにあって、人々が受動的に受け取ったり、発見すべき既成の何ものかなのではなく、むしろ人々が積極的に手をだして作っていくものだという考え方は、近代思想において、魅力的な応用と展開を見せながら展開した。社会学者は、エミール・デュルケムの伝統を受け継いで、社会構造と宇宙的、宗教的な構造との相関関係を探求した。また、フィールド調査を重視する人類学者は、さまざまな世界に固有の文化を詳細に記述した。言語学者は、いかに言語が、例えば、芸術、神話、科学など、その多種多彩な象徴の類型において、ただ単に実体に名前をつけ、ラベルを貼るだけでなく、むしろその制作者ないしは使用者になるか、を示した。現象学者は、生活の世界という概念を提示し、意識と対象が相互に構造化するやり方を解明した。人間の文化は、言語、技術、そして組織を通して、膨大な象徴の環境を、構築する。人々は、これら象徴体系の中に生まれ、そして死ぬ。宗教は、諸々の世界の大いなる決定者なのである。

宗教の世界

世界の相対性という考え方を出発点として、より具体的に、多元的な宗教の理解を進めるためには、さまざまな宗教の世界があるという考え方が有効である。ペイドンは、比較宗教学における宗教の世界というテーマの意義を以下の一二項目にまとめている。

一、宗教は、世界を、創造し、維持し、攻撃する。宗教の神話的な象徴は、世界が何に依拠しているか、それを攻撃する勢力は何であるか、通常の生活を超えて、またはその中に、どのような世界が隠されているのか、を教示する。聖なるものと俗なるものとは、ミルチア・エリアーデがその主張の重要なポイントとしたように、相関関係にある。それは、宗教が世界を解釈するということの、本質である。

二、諸々の世界があるという認識は、他者を理解するための基本的な条件である。他者を理解する行為は、その他の世界をその固有の文脈に据えることを要求する。他者が行う個々の行為は、その世界の包括的なマトリックスに位置づけてはじめて、その意味を持つ。したがって、他者を理解するということは、彼ら自身の場の中に、彼らの表現を据えることを意味する。比較宗教学者は、他の人々の信仰や行為がその人々の世界で、俗なるものをさすか、聖なるものを呼び起こすのか、を理解することを求められる。他の世界の中にその意味を発見することと、ある世界から他の世界に意味を押しつけることの間には、決定的な違いがある。

三、宗教の世界は、差別と共通の考え方を媒介する。諸々の宗教の世界は、各自の違いにもかかわらず、共通に、この研究テーマの内容と様式を構成する神話と儀礼を持っている。神話と儀礼の内容は、つねに、個別的であり、かつ歴史的であるが、その様式は、交差文化的な範疇が機能し、普遍的である。宗教的な言語と行動は、宗教の世界についての信仰や行為というだけでなく、宗教の世界の存在そのものでもある。宗教の世界は、交差文化的な類型であるとともに、一回起的な歴史現象である。

四、宗教の世界という概念は、宗教の社会的ないしは集団的な境界の重要性を説明する。宗教社会学的にいえば、世界は、群をなす人々ないし社会的な組織によって形成され、団結し、分裂し、そして再形成される。これらの群をなす人々が、世界の特徴をつくる。宗教の世界は、純粋な理念のみによって維持されているのではない。宗教の世界の中にいるということは、国の中で市民権を持っているようなものである。大きくても小さくても、部族的でも帝国的でも、市民的でも僧院的でも、世俗的でも大いに教会的でも、社会的な集団が、宗教的な役割や自己認識の文脈を決める。神話と儀礼は、それら自体、聖なる集合体の伝統、すなわち親族、先祖、兄弟団、姉妹団などの犯すことのできないつながりによって、支えられている。共同体の集まりは、聖なるものの力を、たえず更新し、共同体の伝統の尊厳性は、道徳律の神聖性に、重みを与える。共同体は、この意味において、聖なるものの重要な媒体であり、聖なるものに外的、公的な「実体」を与える。

五、宗教の世界という見方は、諸々の宗教体系の間およびその中には、きびしい文化的および地域的な多様性があることに注意を向けさせる。世界には、狩猟の世界、農耕の世界、都市と農村の世界、聖職の世界、民衆の世界、口頭の表現によって定められる世界、書面と聖典によって定められる世界、物理的な領域に基礎を置く世界、内的な意識の状況から引き起こされる世界などがある。宗教的な宇宙は、これらの世界の無限に多様な場において形成される。もし生活が家畜の番をすることで治められているのなら、家畜の番をして生活している人々の宗教制度は、当然その生活様式を反映する。
六、人々の宗教の世界は、社会におけるその地位の違いによって違っている。マックス・ウェーバー（一八六四～一九二〇）によれば、救済が意味するものは、ある人の社会における地位とその人の地位が生みだす社会的な価値によって異なる。宗教的な象徴は、騎士と官僚、金持ちと貧乏人にでは、同じものを意味しない。社会的な地位は、この世性もしくはあの世性の程度、道徳的行動の中心、あるいはまた宗教がとる機関的形態に影響する。特権階級が彼ら自身の生活類型と世界における地位を正統化するために宗教を用いるところでは、特権を奪われた人々の固有の需要は、苦労からの解放、将来における代償、そして救済に向かう。ウェーバーは、農民、インテリ、資本家、武人、被差別階級など別々の階級のそれぞれの宗教的態度を研究するプログラムの可能性を開いた。最近、宗教経験と象徴表現における性の問題をとりあげる研究が盛んになってきている。この問題を重視する研究者から見ると、キリスト教徒の女性にとって、父なる神によって送られた男の救い主の経験は、男のキリスト教徒の同じ象徴の知覚とは、まったく異なっている。女性儒教徒は、男性儒教徒とはまったく異なる義務を持つ。男が積極的に、強い天の力を真似る事を期待されているように、女は「低く下がって、育む大地」を真似ることを期待されている。清浄性の概念も、性とともに異なる。フェミニストは、儀礼もその多くは、しばしば性の役割によって別々に決定されている、というのである。

七、宗教の世界は、言語によって現実が組織されている状況を示す。宗教の言語は、現実を分類し、整理する偉大な力を持ち、いかなるものが存在するか、しないかを判別し、現象を遮蔽したり、鋳造したりする。宗教文化は、それにとって重要なものに対しては多くの微妙な陰影のある言葉を持ち、その系統分類体系を脅かしたり否定するものに対してはしばしば否定的な言葉を持つが、それがまったく知らないものに対してはまったく言葉を持たない。犬と猫という二種類の動物しか知られていない文化の中に、象とか縞馬があらわれても、象や縞馬は、象なり縞馬という存在としては、存在しない。象や縞馬は、名前のない犬科動物か猫科動物だと思われるか、さもなければ、単に「おかしな動物」だと思われる。このことから類推すれば、ユダヤ教、キリスト教、およびイスラム教が、それら以外のすべての宗教に、単一の異教という見出しをつけたことは、彼らの言語状況においては、当然だったといえる。このような限られた言語状況においては、仏教は、理解不能であるばかりか、存在さえしなかったのである。

八、宗教の世界は、新しい事件が出てくれば、それらを統合するか、または解釈する。宗教は、それだけで固定している静的な体系ではなく、常にまわりの変化に反応して自らを作りなおしている。宗教は、その運命を学び、反応し、制御する、自律的な能力を持つ生きた組織なのである。世界と経験の間、宗教的なプログラムと歴史的な事件との間には、恒常的な相互作用がある。世界は、その環境との交流の中で進歩し、それによって自らを変身するのであるから、閉ざされた体系ではなく、開かれた体系である。たとえば、フェミニストのキリスト教神学は、礼拝式の言語を変えたばかりでなく、神の観念を徹底的に変えた。宗教の世界の概念は、宗教体系が変化と挑戦に対処するときに、その意味をとりやすくする。

九、宗教の世界の概念は、多くの本質的に異なる社会科学の分野の業績に、統一的な、概念上の枠組みを与える。宗教学者は、しばしばその他の人文学の学問から孤立して活動してきたが、どの宗教の世界も、歴史的、社会的、そして地理的な世界である以上、孤立を許されない。宗教理論の中には、宗教的経験と非宗教的経験とのいずれかを選択しなければならないと想定し、実体と場の設定を欠いているために、これらの領域で作られた知識と見通しを包容できないものもある。しかし、現代の比較宗教学は、宗教の世界にかかわる時、宗教の地位を理解しようとする時には、場と脈絡の釣合のとれた知識を取り扱い、このような選択は、しない。

一〇、宗教の世界の概念は、宗教解釈の理知化による歪みを是正する。宗教の世界は、人々の住む場であり、教義や信仰のみに還元することはできない。神は、宗教生活の一部しか担ってこなかったのであって、宗教の世界は、生活がなされ、演技がなされ、何かが体現される世界である。それは、いつも神に祈る、肉体から遊離した精神だけの世界ではない。宗教の世界は、全体的であり、全体論的な枠組みの中に、人々を認知的な存在として描くことによって、宗教を信仰者の群とする、古典的な説明モデルを置き換える。より全体的な見通しに立てば、宗教的な人々は、膨大な行動様式の多様性の中に聖なるものを表現する演技者である。宗教の世界は、教義の歴史や宗教哲学の中にだけ体現されているのではなく、祭りや記念祭、通過儀礼、暦、修行の諸形態、家内の聖なるもの、塑像や絵画、特別の衣服や象徴的な事物、病気治療と祈禱の技術、聖歌と宗教音楽、そして無数の各地の家族や国民の習慣など、あらゆる行動や状況の中に体現されている。

一一、宗教の世界の概念は、宗教が人間によって作られたものか、あるいは神によって啓示されたものかに関する伝統的な争論に対しては、比較的に価値中立的で、哲学的に中立的だということが、重要である。宗教の世界の比較研究は、記述的、比較的な理解に固執する。宗教の世界が、人間の主観の客観化によって作られたのか、神の啓示によって作られたのかについては、恣意的な理論をもって介入しなくても、人々の世界は、操作的な前提と範疇によって描写することができる。

一二、最後に、宗教の世界の概念は、宗教の解釈が特定の世界の産物であることを示す。たとえば、自然的な説明と超自然的な説明は、それぞれの世界観の表出であり、具体化であるよりほかにない。自然的な説明ないし人間の主観の客観化は、世俗的な世界観の範疇に属する。神の啓示という考え方は、神の存在する宇宙に住んでいる人々の宗教的な世界観の範疇に属する。ある人の世界観は、説明者が住んでいる世界の種類によって定まってくる。

右のようなペイドンの「宗教の世界」像は、比較宗教学の領域を設定してくれている。

宗教の世界の類型

人々が宗教の世界を分類する類型は、分類者自身のスタンスを反映する。ある人々にとっては、違う類型の宗教の世界は、宗教そのものが違うことを意味する。世界宗教のテキストは、おおむね、このアプローチを反映している。しばしば、他の人々の、タイプの違う宗教の世界は、霊性的に低級な類型にはじまり、霊性的に高級な類型にいたる、進化の段階に位置づけられている。そのような図式は、その人の人生の哲学に従って、決められている。

西欧で発達した社会学的な類型論に、チャーチ〔教会〕とセクト〔運動〕を二つの基本的な宗教共同体の類型として区別するものがある。エルンスト・トレルチ（一八六五〜一九二三）によって提唱されたこの類型論は、西欧の宗教の多様性を説明するのに、広範に援用された。もっとも一般的な脈絡では、チャーチは、社会の中に確立された社会と合致する宗教であるが、セクトは、小さな、自発的な集合体であり、高い水準の忠誠心と、強い権威主義的な指導者を持っている。セクトは、それ自体とその他との間に厳重な境界を維持する。近代宗教のほとんどは、セクトとしてはじまった。セクトは、初代の会員が死去した後にも、組織として継続すると、しだいにチャーチの特徴を帯びてくる傾向がある。ジョン・ミルトン・インガーなどのように、さらに論を進めて、セクトとカルトを区別し、前者は、たとえばアーミシュやエホヴァの証人のように、支配的な教会の分派的な運動だと考えられるが、後者は、神智学、自己覚醒同胞団、アジア起源の黙想中心の集団などのように、歴史的なキリスト教団体とはほとんど関係のない内的、霊的な実現を求める小集団だとみなす説もある。ただし、この区分は、西欧の宗教の世界を中心にみた見解であり、より広い、非西欧を含む宗教の世界への展望をとれば、多種多様な共同体や下位共同体があるのと同じだけ、ほとんどそれだけの種類の宗教団体があることを認めなければならない。重要なことは、これらの聖なる中心を形成する集団の類型の視点から、宗教の世界を観察することである。これは、聖なるものが世界を規定するという仮説の帰結である。したがって、どのような宗教体系についても、聖なるものはどこにあるのかと尋ねることが、必要になる。

一つの類型の宗教にとっては、聖なるものは、「環境」的であり、物理的な場と結び付いている。この類型の宗教は、狩りを支配する力に結び付いている場合もあるし、家畜の群あるいは穀物の収穫の豊饒を支配する力、あるいはまた血族の統一と部族の生き残りをまもる力に結び付いている場合、そして、健康、政治力、そして血縁ないし地域の祖先などに結び付いている場合もある。

環境的な宗教と明確に違う類型の宗教は、自己の転換と自己の「超越」を重視する宗教体系である。この類型の宗教は、仏教やキリスト教など、部族との紐帯《ちゅうたい》とか、場との紐帯とか、世俗的な紐帯から個人を解放する理想を持つ。この類型の宗教は、血族や民族を超えた体系であることを特徴としている。ここでは、聖なるものは、地理的もしくは社会的な勢力ではなく、自我の超越と結び付いている。一たび、自己を完成するという考え方が働くようになると、聖なるものは、智慧の完成であれ、愛の完成であれ、まったく新しい超越的な世界観を基盤とする宗教的哲学が発生する。

聖なるもののひろがりは、人々の生活を維持し、人々の生活を汚し、もしくは破壊するさまざまなものの範囲がどこまで及んでいるか、を規定する。生活が地域的である場合には、聖なるものも、俗なるものも、地域的である。生活が個人的である場合には、聖なるものも、俗なるものも、個人的である。宗教生活の基盤が制度教会的であるか、あるいはカルト運動的であるかにしたがって、聖と俗の区分も、そのあり方にならう。この世からの救済を求める宗教の発生の前においては、宗教は、自分の森、自分の耕す田畑、あるいは自分のポリス国家などの場に、根づいていた。石器時代のオーストラリアの原住民の宗教は、その根を、祖先のさまざまな行動によって解釈された直近の環境との関係に、おいていた。この世を中心とする価値観の転換とこの世の超越を特徴とする宗教の到来とともに、新しい場、新しい関心領域、すなわち自己の内面化が起きたのである。

宗教の世界の危機と対応

宗教の世界は、危機にさらされた時に、その本質がもっとも生き生きと現れる。境界が脅かされたり、外の世界からの侵入が発生する時、宗教の世界の本質が露出し、その体系は危機にさらされる。宗教の歴史は、ひとかたまりに固定化された、永遠の世界ではなく、葛藤する世界、創造、破壊、再生のライフ・サイクルをたどる世界の歴史である。

宗教の世界は、通常の危機を処理するためのやり方を内蔵している。宗教は、人間の苦しみの全幅の重荷に対処しなければならない体系であり、難儀、惨劇、および死は、すべて、神話、聖典、および儀式の中に位置づけられなければならない。宗教が、宗教の世界の中で、説明できないこと、解釈できないことは、何もない。マイナスのできごとは、意味を与えられ、合理化され、あるいは、宗教的な正当化と原型を与えられることによって、少なくとも我慢できるようにさせられる。

もっとも危険で、破壊的な脅威は、宗教の世界を内部から侵蝕する、自分自身の世界の基礎の腐食である。通常の連鎖の中での事故や突然の変異などは、それほどに、宗教の世界を脅かすことにはならない。たとえば、ホロコーストは、ユダヤ教の終わりにはならなかったが、ユダヤ人の宗教の世界は、世俗文化体系の侵入とその世界の境界を解体する異教徒との結婚によって、より深刻に揺るがされている。

聖なるものが、宗教の世界の基礎である以上、聖なるものを否定するものは、すべて許されない。宗教の排他性と異端処罰の歴史は、聖なるものを否定するものの危険の重要性と秩序を維持するための行為の緊急性を示している。聖なる秩序を犯すものは、追放され、破壊され、あるいは放逐される。宗教の世界の間の戦争、異端の迫害、自分の生き残りのための他人の生贄が、行われた。もっとも気高い倫理的な教えは、宗教の世界の存立が危機にさらされた時には、直ちに忘れさられた。

多くの伝統的なキリスト教徒にとっては、他の宗教の世界の存在そのものが恒常的な罪のもとだった。しかるに現代においては、しばしば世俗的な人々が、いわゆるカルトによって脅かされていると感じている。今や、世俗的ヒューマニズムとファンダメンタリスト・キリスト教が競合している。宗教の世界が、世俗化および社会変化をどのように取り扱っているか。その反応には、四つの典型的な類型がある。

第一は、宗教の世界の境界を引締め、固め、守るという、保守的な反応である。歴史上、すべての宗教に見いだされるファンダメンタリズムは、それぞれの信仰の絶対的な権威の中に退却し、外からの競争から自らを隔離する姿勢をとった。信条および行為に関して、厳格な自己規定を表明され、主張する。ファンダメンタリストの宗教は、この世的、人間主義的な腐敗ないし「リベラル」な解釈に汚染されない、純粋な形において、再現されなければならない、と主張する。

第二の反応は、世俗性への適応ないし宗教的リベラリズムの立場である。この方向もまた、歴史上、世俗文化に直面したすべての宗教において認められる。リベラルな人々は、新しい諸価値と共存するため、保守的な人々とは反対に、聖書か―この世かというような、これか―あれかの選択を迫る姿勢は取らないで、古いものと新しいものとをともに受容する。現代の宗教生活は、しばしば世俗的なスタイルと伝統的な象徴とを、どれがどちらとわからないほどに混合している。たとえば、今日のクリスマスやイースターの祝祭においては、世俗的な遊びの活動と宗教的な価値を象徴する伝承された儀式とが、不可欠に結合している。

第三の世界形成の可能性は、新しい宗教集団の組成である。文化の変容とともに、古い伝統を再生する望みがまったく失われ、明瞭な断絶、新鮮な出発が選択すべき道だと思われると、古い宗教の世界は、生きれなくなってくる。社会変動とともに、古い宗教の世界は、権威を失い、無意味に、疑わしいものに、腐敗したものになる。何千もの新しい宗教運動の息吹のいくつかは、二〇世紀末の社会変動期において衰退してしまう宗教の世界に取って代わるかもしれない。日々、目の前に、新しい宗教体系が参入して、時間と空間を埋め、新しい権威と規範を作り、新しい啓示や神話を公表し、ルーツとアイデンティティーを再構築している。この現象は、宗教の研究におけるもっとも活気にあふれ、もっとも広がりのある研究領域の一つを創出している。

新しい宗教は、環境に対する独特の、自足的な適応であり、しばしば、その適応は、欠落していた精神を補償する。これらの集団は、普通の生活よりも高い満足度のえられる共同体の形で、社会的実存を経験する場を再建する。修道院、理想郷の実験、小規模の霊的な「家族」、秘密結社などが、このような需要をみたしている。新しい集団は、新しい理想を体現するカリスマ的な教師を提供し、自己改善の方法を提示することによって、個人の意識を再建する。リバイバル宣教運動とテレビ教会は、「罪人」、病める人、疎外された人の世界を再建して、個人が自分で持ちうる以上の力の源をあたえた。力をあたえられた人々の多くは、失われた人々で、新しい預言者の神学に明瞭さと説明の力を見いだした人々である。彼らの多くは、無力な、非人間的な世界において、力との恍惚的な接触を求め、力にあふれた霊の直接的、経験的な顕現《けんげん》を、ペンテコスタルやカリスマ的な集団に見いだした。

今日、アフリカの黒人社会には、一万以上の新宗教運動があり、その各々が、神話を持ち、土着世界、イスラム世界、キリスト教世界を習合的に組み合わせている。日本やアメリカのような国においても、数え切れないほど多くの新宗教が、精神的に根なし草になった市民たちを対象に、繁盛しており、都市の住民に、新しい生き方を提供している。

他方、これらの新しい集団には、顕著な共通の要素が認められる。それは、新宗教集団が、たとえば、新異教集団やフェミニスト集団が、女神信仰を再生したように、ほとんどすべての場合に、何か古いものを再発見ないし再興したものとして、自らを提示することである。古代の、あるいは失われた心理の新しい理解を提供し、神話を再活性化することによって、生活を再活性化するのである。

世俗化した現代にたいする第四の宗教的反応は、個人主義である。ここにもまた、一つの世界、場があるが、霊性は、個人化され、自己のスタイルをとる。典型的な一つの事例が、ロバート・ベラー（一九二七〜二〇一三）らの調査報告の中に、示されている。

今日のアメリカの宗教は、ニューイングランド植民地の宗教が、公的で、統一されていたのと同程度に、私的で、多様である。われわれが面接したある人は、彼女の宗教（彼女はそれを彼女の「信仰」と呼ぶ）に実際に彼女の名前をつけていた。これは、われわれ一人一人に一つの宗教があれば論理的にアメリカには二億二千万以上の宗教がありえることを示す。シャイラ・ラーソンは、若い看護婦で、随分と精神療法を受けたこともあり、彼女の信仰を「シャイラ教」として記述する。「私は、神を信じます。私は、宗教的熱狂者ではありません。私はいつ最後に教会にいったか、覚えていません。私の信仰は、私を遠くに連れてきてしまいました。それは、シャイラ教です。私自身の小さな声なのです。」シャイラの信仰は、沢山ではないが、神への信仰を超える教義を持っている。「私自身のシャイラ教」を定義するにあたって、彼女は、「自分自身を愛して、自分に優しいこと。そうね、おたがいに、面倒を見合うこと。私は、神様だってわたしたちがおたがいに面倒を見合うことを望んでいると思うわ」といった。すべての個人主義の宗教が、これほど公然と自分のスタイルを取っているわけではない。しかし、それは、高度に個人的な価値のまわりに、「私に何が作用するか」のまわりに、世界が作られていることによって特徴づけられている。

宗教の世界は、日常生活を超えている、あるいはその中に隠されている、もしくはそれに意味を与える聖なるものの世界である。無数の宗教の世界は、それぞれの文脈においてのみ理解可能になる。宗教の世界には、環境的、個別主義的な類型のものと、超越的、普遍主義的なものとが識別される。その危機に際しては、宗教の世界は、保守的、調整的、革新的、内向的などの反応を示しているとが認められるのである。

参考文献

ウィリアム・ペイドン『比較宗教学』（阿部美哉訳）東京大学出版会、一九九二年

ロバート・ベラー他『心の習慣』（島薗進、中村圭志訳）みすず書房、一九九一年

柳川啓一『祭と儀礼の宗教学』筑摩書房、一九八七年

リチャード・ニーバー『アメリカ型キリスト教の社会的起源』（柴田史子訳）ヨルダン社、一九八四年

ブライアン・ウィルソン『現代宗教の変容』（井門富二夫、中野毅訳）ヨルダン社、一九七九年

4 個別と普遍

諸々の世界の内容が異なるのにつれて、諸々の宗教は、個性を異にしている。個々の宗教は、それぞれの世界に固有の聖なるものを取り扱い、ある世界にとって、その中心となるイメージを掘り下げ、その固有の内容を強調する。しかし、宗教には、特定の世界の固有性を超越して、普遍性が生まれてくる。宗教の理解を進めるためには、多様な宗教の類型をとらえることが必要である。そのさいには、宗教の個別性と普遍性に着目することが重要である。

宗教の類型

宗教学は、世界中のすべての宗教を研究対象とするのであるが、宗教現象はあまりに多様なので、その類型化が、宗教学のもっとも重要な課題の一つになっている。宗教の類型論は、世界が多元的であるという考え方にたつ。宗教の世界が多元的だという考え方は、宗教の客観的な研究、宗教を比較するために不可欠なのだが、自ずからは、出てこない。人々は、とかく、他の人々の宗教がそれらの人々の活動の産物であるということを見落とし、他者の行為と信仰も、とかく自分の体系の脈絡で判断してしまうのである。

宗教の類型論の一つに、宗教の地域的な広がりによって、宗教を分類するものがある。もっとも地域的な広がりが大きい世界宗教、特定の民族だけに広がっている民族宗教、さらに狭く、単純な社会構造の社会における部族だけにしか広がっていない部族宗教がある。普遍と個別という枠組みにあてはめれば、世界宗教がもっとも普遍的な宗教、民族宗教がやや個別的な宗教、部族宗教がもっとも個別的な宗教ということになる。

世界宗教、民族宗教および部族宗教と家族および個人の関係に着目すると、世界宗教は、民族、部族を超えて広がっているのであって、その意味において、人類の一員としての個人との結び付きが強調されるが、一方、民族宗教や部族宗教は、氏族とか家族など、土着の集団との結び付きが強調されるという特徴がある。民族宗教や部族宗教は、民族や部族を単位としていると同時に、氏族や家族を単位とする宗教だともいえる。これらが、それぞれの宗教の世界を構成するものだと認識し、それらの中に類型を求めるのである。

類型論のもとになる多元的な世界という考え方には、近代思想の中に、いくつかの代表的なモデルを見いだすことができる。イヌマニュエル・カント（一七二四〜一八〇四）は、精神とその範疇がいかに実在を構成するかを述べたが、宗教の世界という概念は、彼の思想から出発している。カント以後の近代思想においては、宗教の世界は、そこにあって、人々が受動的に受け取ったり、発見すべき既成のものなのではなく、それは、むしろ人々が積極的に手をだして作っていくものだという考え方が、展開した。たとえば、エミール・デュルケムは、社会構造と宗教構造との相関関係を探求したが、その伝統は、多くの社会学者によって受け継がれた。また、フィールド調査を重視する人類学者は、さまざまな文化の、それぞれ固有の宗教を詳細に記述して、類型の構築に寄与してきた。

西欧で発達した社会学的な宗教の類型論に、チャーチ〔教会〕とセクト〔運動〕を二つの基本的な宗教共同体の類型として区別するものがある。エルンスト・トレルチによって提唱されたこの類型は、西欧の宗教の多様性を説明するのに、広範に援用された。もっとも一般的な脈絡では、チャーチは、社会の中に確立された社会と合致する宗教である。そして、セクトは、小さな、自発的な集合体であり、高い水準の忠誠心と、強い権威主義的な指導者を持っている。セクトは、それ自体とその他との間に厳重な境界を維持するのであって、近代宗教のほとんどは、セクトとしてはじまった。ただし、セクトは、初代の会員が死去した後にも、組織として継続すると、しだいにチャーチの特徴を帯びてくる傾向がある、とされる。

聖なるものが、環境的か、超越的かに着目する類型もある。一方の宗教においては、聖なるものは、「環境」的であり、物理的な場と結び付いている。この類型の宗教は、狩りを支配する力に結び付いている場合もあるし、家畜の群あるいは稲作の収穫の豊饒を支配する力、あるいはまた血族の統一と部族の生き残りを守る力に結び付いている場合、そして、健康、政治力、そして血縁ないし地域の祖先などに結び付いている場合もある。他方、人格変容ないし回心と自己の「超越」を重視する宗教体系は、環境的な宗教と明確に違っている。仏教やキリスト教などこの類型の宗教は、人々を個人としてとらえ、彼らを、部族との紐帯《ちゅうたい》とか、家族との紐帯とか、世俗的な紐帯から解放することを理想として掲げている。この類型の宗教は、血縁や民族を超えた体系である。ここでは、聖なるものは、地理的もしくは社会的な勢力ではなく、自我の超越と結び付いている。

聖なるもののひろがりは、人々の生活を維持し、人々の生活を汚し、もしくは破壊するさまざまなものの範囲がどこまで及んでいるか、を規定する。生活が地域的である場合には、聖なるものも、俗なるものも、地域的である。生活が個人的である場合には、聖なるものも、俗なるものも、個人的である。宗教生活の基盤が制度教会的であるか、あるいはセクト運動的であるかにしたがって、聖と俗の区分も、そのあり方にならう。この世からの救済を求める宗教の発生の前においては、宗教は、自分の森、自分の耕す田畑、あるいは自分のポリス国家などの場に、根づいていた。石器時代のオーストラリアの原住民の宗教は、その根を、祖先のさまざまな行動によって解釈された直近の環境との関係に、おいていた。この世を中心とする価値観が転換し、この世の超越を特徴とする宗教が到来するとともに、新しい場、新しい関心領域、すなわち自己の内面化が起きるのである。
宗教の類型化のこころみには、地域的な広がりによる類型化、組織に着目した類型化、聖なるものの特徴による類型化などのほかに、歴史的な展開との関連による類型化もある。約百年前に西洋で宗教学が始まったが、その頃から三〇年位前までは、進化論的な発想の影響がつよく、宗教もまた単純で原始的なものから、より洗練された高度なものに発達するという考え方がとられることが多かった。ハーバート・スペンサー（一八二〇〜一九〇三）やオーギュスト・コント（一七九八〜一八五七）、あるいはエミール・デュルケムやマックス・ウェーバーも、そのような考え方をとったとみなしてよい。

普遍宗教の類型

宗教の進化論的な類型論の中で特に注目すべきものに、宗教進化の五段階モデルを提唱したロバート・ベラーの仮説がある。ベラーは、人類の宗教史において、紀元前一〇〇〇年頃、高度な文化のいくつかの中心に、人間と社会を極端に否定的に評価する、宗教的な現世拒否という現象が出現し、現世を超越する実存の領域を、それのみが真実で、無限の価値を有するものとして崇めるようになったという現象を、特に重視する。

このテーマは、古典的には、ギリシャで、プラトンの『パイドン』において、肉体は精神の墓場ないしは牢獄であり、肉体をすべての現世的なものから離脱することによってのみ、精神は想像もできないほど違う神の世界と統一できるという、定式になった。イスラエルにおいても、現世は、超越的な神の前にきわめて低く評価され、神のもとにのみ、避難の場ないしは安楽があるという定式化が確立した。インドの現世拒否は、もっとも徹底したもので、現世は、火宅であり、人にとって緊急に必要なことはそこから逃れ出る道であり、それはブッダの涅槃《ねはん》の思想において絶頂に達した。中国では、道教の禁欲主義者が、すべての価値の転換と人間社会からの隠遁を説き、不自然でよこしまな人間社会から避難した。ベラーは、現世拒否が、宗教史上のある時期の重要な特徴であると主張し、このテーマをかかげる宗教を歴史宗教と名付ける。彼は、原始宗教および現代の世界には現世拒否が存在しないという事実を強調し、歴史宗教の超越性による普遍性を高く評価するのである。

このような観察を出発点として、ベラーは、宗教の発展段階を、原始、古代、有史、初期近代、現代の五段階に類型化し、これら宗教の発展段階の類型は、歴史の規則性を理論的に定式化したことから得られた「理念型」だとしている。以下、ベラーの提唱する五つの類型について、要点をみておこう。

まず、「原始」レヴェルにおける宗教的象徴体系は、リュシアン・レヴィ゠ブリュル（一八五七

〜一九三九）によって「神話的世界」と特徴付けられているもので、この世界では、神話の世界が現実世界の細々とした様相と密接に関連させられており、その組織は流動的である。原始的な宗教行動の特徴は、神話的な存在と一体化し、参加し、何かを演じきることにある。宗教組織は、独自の社会構造としては存在していない。宗教組織と社会組織は一体で、宗教上の役割は、年齢、性、血縁集団などの分化にしたがって、もろもろの社会的な役割と融合している。原始宗教の社会的な意味合いは、儀式生活が社会の連帯を補強し、若者を種族の行動規範に導入するのに役立っていることにある。

「古代」宗教の宗教的象徴体系においては、神話的存在は、もっと客体化されている。それは、自然界と人間界を積極的に統制し、人々が目的的な仕方で対処しなければならないもの、すなわち神々の世界として捉えられている。神々の階層性についての明確な原理が確立され、神々や、自然のすべてが配置された、広大な宇宙論が展開される。宗教行動は、礼拝の形をとり、主体としての人々と客体としての神々の区別が明確になる。神々と人々が相互作用を及ぼすための礼拝の儀式、ことに犠牲を通じての通信体系が強化される。宗教組織は、概して他の社会構造と融合しているが、機能的、階層的な集団が多く生まれることから、礼拝の多様化がもたらされる。通常、政治的、軍事的権力を独占する上位集団が、より高位の宗教的地位を要求し、専門化し、礼拝場に所属させられている聖職者集団は、政治的エリート集団に従属させられている。古代宗教の社会的意味合いは、伝統的な社会構造と社会慣行が神の制度化した宇宙秩序によって基礎付けられていると信じられること、社会的信従が宗教的制裁によって補強されること、敵対する集団の間の闘争が敵対する神々の間の闘争ないしは神々の寵愛の一つの集団から他の集団への変更と解釈されることにある。

「有史」宗教は、世界宗教あるいは普遍宗教とよばれるものである。有史宗教を古代宗教と区別する基準は、有史宗教がすべからく超越的であるという点にある。超越的性格という要素を共有している点において、その象徴体系は、すべて二元的である。価値と統制力の双方において、超自然的なあの世がこの世の上位にあるだけでなく、超自然的なあの世とこの世の双方の世界が、宗教的正統性に基づいて階層的に組織化される。原始宗教と古代宗教においては、この世の世界に宗教的な関心の焦点が置かれていたが、有史宗教においては、あの世の世界に焦点が置かれる。あの世の世界は、天国や極楽のように、限りなく優れているか、さもなければ、地獄のイメージによって示されるように、限りなく悪いものである。そこで、有史宗教においては、とりわけ救済、悟道《ごどう》、涅槃などのための宗教行動が強調されることとなる。有史宗教における宗教生活の理想は、現世からの分離である。その宗教組織は、現世の階層制から独立した、宗教集団の出現をもたらし、自然的宇宙を超えた超越的領域という観念とともに、超現世的な世界との直接の関係を主張する、新しい宗教エリートが生まれる。社会的意味合いとしては、宗教エリートが分化され、この世のエリートと宗教エリートの間に、新しいレヴェルの緊張と紛争の可能性が生まれ、宗教が社会変化に資するようになったことがあげられる。

つぎに、「初期近代」宗教の理念型が、プロテスタント宗教改革から引き出される。現世の世界ともう一つの世界との階層構造の崩壊が、初期近代宗教を規定する大きな特徴である。そこでは、救済は、この世からの撤退にではなく、この世の活動の真っただ中に見いだされる。宗教的象徴化は、個人と超越的実在との直接的な関係に集中する。聖体拝受の聖礼についても、これを犠牲再現のモデルとみる解釈は捨て去られ、これはイエスの十字架上の死という一度限りの歴史的事件を記念する儀礼だとする解釈によって取って代わられる。宗教改革者は、受動的な現世の受容に替えて、現世における積極的な自立的行為を強化した。宗教行動としては、禁欲を専門とする行者や修道院の規則は放擲《ほうてき》され、あらゆる生業における全面的な努力が神にたいする奉仕だということになり、信仰と、個々人の内的な資質に力点がおかれるようになった。宗教組織においては、教皇の権威を拒否し、階層制を放棄した。しかし一方では新たに、選ばれた人々と見捨てられた人々の階層化ないし区別が発生した。その政治的意味合いとして、プロテスタンティズムは、世襲的な貴族制、王政を弱めるのに大いに貢献した。社会的には、宗教的インパクトが、世俗的になって、国家と並立ないし競争する多様な制度的構造を生み出した。さらに、政治的、道徳的諸問題にたいする宗教的インパクトは、宗教的な価値を表現する多様なこの世の制度によって媒介されるようになった。宗教的価値をより大きく実現する方向に向かう社会変動への圧力は、初期近代の段階になって初めて、社会構造そのものの一部分として制度化されたのである。

個別宗教の類型

「現代」の宗教においては、すべての有史宗教にとって決定的であった二元論が、崩壊している。階層的な二元論をとる宗教的象徴体系は、過去二世紀の間に、極端に否定されてきているが、さりとて、現代の世界は、原始的一元論に復帰するものではない。それは、実は、無限に多元的な世界が、二元的な世界に取ってかわったものである。おそらく、現代人は、世俗的で、物質的で、脱人間的で、非宗教的だと分析することは、間違っている。現代の宗教的象徴化に関しては、教会に行っている人々の多くにとっても、正統な教義による様式を守らなければならないという義務感が、きわめて軽くなっている。逆に、すべての信念についての言語は、個人によって再解釈されなければならないという考え方が広く受け入れられている。人間存在の究極的条件にたいする関係の象徴化は、もはや、宗教という看板を掲げた集団の独占物ではない。現代宗教の宗教行動は、行動基準の探求であり、個人の成熟と社会にたいする関連性の探求である。宗教組織の将来は、トーマス・ペイン（一七三七〜一八〇九）が「わたしの心がわたしの教会」と述べた言葉やトーマス・ジェファソン（一七四三〜一八二六）が「わたしは自分自身で一つの宗派である」という言葉によって、典型的に表されている。組織の類型は、ますます流動的になり、多くの特殊目的のための下位集団が形成されては、解散していく。この傾向は、無関心と世俗化を示しているのではない。それは、個人が自らの究極的な解決を出さなければならないという観念、宗教集団がなしえることは人々に既成の回答を押しつけることではなくて自ら解決を出すために好都合な条件を提供する場であるという観念が、ますます受け入れられる、ということである。現代の宗教状況の社会的な意味合いは、意味の崩壊と道徳基準の破産とされることが多い。だが、そのような状況そのものが、人間の行動のすべての領域における創造的な確信のための未曽有の機会を提出している。

ベラーの宗教の発展五段階説の要点は、古代宗教と歴史宗教の間にひかれた一本の線にある。すなわち、ここに線をひくと、ベラーが、未開および古代宗教における個別主義と歴史宗教以後における普遍主義との間に、宗教のあり方の根本的な区別をおいているのである。

さて、ベラーの考えでは、日本の宗教は、現代に至るまで、本質的に個別主義的である。いいかえれば、日本の宗教は、古代宗教の段階を超えていないということになる。このような考え方を展開して適用すると、日本の社会慣行における人間関係の法的関係への優先といった事象が、説明できる。たとえば、警官が泥棒をつかまえたら、泥棒が肉親であった場合にどうするか、といった課題である。人間関係を優先して、逃がしてやるか、法的関係を優先して、逮捕するかという決断をせまられた時、個別主義的なわが国の慣行は、前者を優先することになるというのである。それは、さらに今日の非関税障壁や日米構造摩擦の課題にも重なりあう問題を解く鍵を示しているといえる。

わが国民の大半は、神道の氏子であるとともに、仏教の檀家である。ということは、個別主義を代表する神道と普遍主義を代表する仏教が、わが国民の宗教生活においては、並存していることになる。日本の宗教史の形成においては、仏教と神道の両者は、密接に絡み合って、発展してきている。神道の神々と仏教の仏陀や菩薩との関係を説く代表的な説明は、本地垂迹《ほんじすいじゃく》説であるが、神道の教説においても、明《あか》き、直《なお》きこころといった教えにおいて普遍性を強調する人々もいないではない。聖徳太子や家永三郎の研究において、ベラー自身が日本人の中にも普遍主義的な傾向があることを指摘しているように、日本の社会には、普遍主義的な傾向がけっしてないわけではない。そうした普遍主義的な傾向の形成にあたっては、歴史宗教の一つである仏教の影響が大きかったといえそうである。

参考文献
エルンスト・トレルチ『トレルチ著作集』第七巻（住谷一彦他訳）ヨルダン社、一九八一年
ロバート・ベラー『社会変革と宗教倫理』（河合秀和訳）未来社、一九七三年
島薗進『現代救済宗教論』青弓社、一九九二年

5 神話

神話は、そのもっとも根源的な機能として、世界のよって成り立つ基盤を物語る。それは、世界を創りだし、支配する諸々の力と原則が何であり、どうしたのかを語る。神話は、あらゆる事柄の起源を語る神聖な物語で、世界の誕生、人間の誕生、死の起源、穀物の起源などが、神話によって、説明される。善と悪との闘争について語る神話も多い。善の勝利と悪の敗退についての神話が、人々の行動のモデルとして作用することがあり、また、神話が権力の歴史的な正統性の根源を証明するためのものとして用いられることも少なくない。

神話と秩序

「神話」は、世界が混沌としたカオスから秩序あるコスモスへと変容していく過程を、物語として提示する。神話は、あらゆる事柄の起源について説明する。『旧約聖書』の「創世記」の冒頭に示されている物語は、神の力によって世界が創造されていくドラマにほかならない。人々は、自分たちの起源について強い関心を持ち、常にその謎を解こうとしてきた。なぜ、人は、死ぬのか。なぜ、悪は、存在するのか。神話は、この世の不可解さを解消するための、人々の試みであった。

宗教のもっとも原初的な形態においては、自然にたいする畏怖と憧憬の念が、宗教的な感覚の基礎にあった。そこから、聖なるもの、聖なる存在にたいする信仰が生まれたと考える人々が多い。祈りは、人々のそのような聖なる存在にたいする信仰に基づいた、原初的であると同時に、普遍的な宗教行為であった。人々は、聖なる力を自らの生活の安定と向上のために制御しようと考えた。そこから呪術が生まれ、呪術を操る専門家である呪術師が誕生した。呪術師たちは、神話によって存在が知られる神霊を儀礼によって自らに憑依《ひょうい》させることによって、聖なる世界からのメッセージを受け取る。あるいは、集団全体が神話的原初を再現する集団的な沸騰状態によって、神憑《かみがか》りの状態に入ることもある。熱狂的な興奮の中で、人々は、聖なるものとの直接の出会いを果たす。儀礼は、聖なるものの出現に一定の形式を与え、それを制御するために営まれてきた。

いかなる宗教現象においても、言語の働きは、きわめて大きい。言語には、聖なる力があり、人々を支配する。神からのメッセージは、神話が語られる段階になると、言語として伝達される。そして、言語は、ただちに宗教の世界の主役になるといってもよい。言語には、聖なる力が、籠もっている。端的な例に、「創世記」の神の言葉がある。「光あれ」の一言で、たちまちにして、闇と光りが分けられる。「ヨハネ福音書」の「太初《はじめ》に言《ことば》あり、言は神と偕《とも》にあり、言は神なりき。この言は太初に神とともに在り、萬《よろず》の物これに由りて成り、成りたる物に一つとして之によらで成りたるはなし」という書き出しは、言葉のそうした特性を見事に表現している。

神話を語ることが、この世界の始まりを語ることであるとするなら、それは、秘密の、誰にも明かすことのできない、特別な知識だという場合もある。未開社会における通過儀礼の中で、もっとも重要視される成人式においては、しばしばその社会の神話を授けることが、第一の目的になっている。神話を知る者は、特別な力を所有する者だということである。

世界創造の神話の背後には、人々の日常感覚が、生きている。人々の暮らしの中で、生と死のドラマは、絶えず繰り返されている。死があると考えるのは、そういった生命体としての自覚に基づく。そして、人々の歴史もまた、生命体の盛衰の過程に類比されて理解される。

宗教の言語

神話は、宗教の言語である。宗教の言語は、科学の言語とは違う。科学の論説は、客観性を希求するが、宗教的な象徴は、本質的に、参画的、能動的、包含的である。宗教体系は、その基礎を、常に、世界を生み出し、支配する、偉大な根源の力についての権威ある説明においている。その神話を有する宗教の信者にとっては、神話は、詩的な、あるいは合理的な、宇宙についての空論などではない。それは、人々がそれに従って生きなければならない。聖なる言葉であり、生き方のモデルである。宗教生活を営む者は、たえず自らのあり方を神話によって示された真理のモデルと照らし合わせなければならない。そして、それらを体現する存在と事物に言及しなければならない。口承される聖なる物語の形を取っていても、あるいは記述された聖典の形を取っていても、神話は、根源的な原型を示すために用いられた宗教の言語なのである。

「神話」という言葉は、さまざまな解釈を持ち、多様な脈絡で使われている。古代ギリシャ以来、「神話」は、肯定的な用法と否定的な用法をともに持っていた。このように同一の言葉にたいして相反する感情が両立してきたということは、意味論から説明できる部分もあるし、心構えからの理由から説明できる部分もある。

「神話」に対応するギリシャ語の「ミュトス」は、元来、宣言、命令、演説、あるいは物語など、何によらず口頭で述べられたものを意味した。もっとも広義には、「言葉」を意味し、ホメーロスは、「ミュトス」を、「エルゴン」すなわち行為との対比において用いた。しかしやがて、「ミュトス」は、他の論説様式と対比されるようになった。エリック・カーラーという歴史家の説によると、「ミュトス」は、徐々に、神々しい啓示あるいは聖なる伝統における、もっとも古代の、世界の起源の初めについての記述、神々と半神たちおよび宇宙ないし天地の創造の記述としての言葉になり、やがてそれは、人間の述べる言葉たる「エポス」とも、そしてソフィスト以降は、論理的な構文としての言葉たる「ロゴス」とも、はっきりと区別されるようになったのだ、という。かくして、ギリシャの哲学者たちは、神話を、本当の、推理的な言語と対立する夢想的な物語を意味するものだ、と解釈した。しかし、その他一般の人々は、「神話」を、単に表面的な人間の言語と対立する、ものごとの根源の、原初の状態を伝える言語だ、と受け止めたのである。

このように両義的な「ミュトス」の用法は、現在でも行われている。神話は、推理的な言語に関しては、想像にすぎないものとして、深遠な真実をつたえるものとして、事実以下のなにものかとして、あるいは崇高に合理性を超えるなにものかとして、それらのいずれとしてでも、現れうるのである。事実、ある人々は、神話と空想を同一視するが、他の人々は、神話ないしは「神話＝詩的言語」を、科学的な論説によって伝えられるものよりも、もっと深い真理の媒体だとみなす。浪漫時代の哲学者の中には、フリードリッヒ・シュレーゲルやフリードリッヒ・シェリングなどのような、後者のアプローチの熱心な推進者が、少なからずいたのである。

現代の西欧文化においては、神話という言葉は、しばしば否定的な感触で使われている。これは、一面、聖書の宗教の見解を反映するのであるが、また一面、西欧の合理主義と文学の進化論的な捉え方をも反映している。『新約聖書』は、神話の「空虚性」を福音の「真理」と対比した。一方、合理主義、科学主義を旨とする近代西欧の文化は、神話を、人間の認識の古風な「論理以前の」段階と見なす傾向がある。文学では、神話を、往々にして、叙事詩やその他の叙述形式が出てくる前の古い物語りの形式だと見なす。彼らの神話についてのイメージをギリシャ神話から形作った西欧の読者たちは、神話とは、神々や英雄たちについての空想的で、娯楽的な物語りのことなのだと、結論する。西欧の多くの一般読者にとっては、神話とは、単に想像の領域、ケンタウルス、ユニコーン、そしてミラクルの世界である。そして今日の日常の言語では、「神話」という言葉は、「人種優越の神話」とか「癌についての一〇の神話」というような成句が広く受け入れられているように、無批判に受け入れられた、合理的、科学的な裏付けの欠けた、思い込みという意味で使われている。

神話とは何か

では、神話とは、一体何か。松村武雄は、「神話とは、非開化的な心意をもつ民衆が、己と共生関係を有すと思惟した超自然的存在態の状態・行動又はそれらの存在態の意志行動に基づくものとしての自然界・人文界の諸事象を叙述し又は説明する民族発生的な聖性的若しくは俗性的説話である」とした。しかし、大林太良は、松村の定義は、神話の説明的機能を重視しすぎていて、不十分であると批判し、「神話は、真実であると考えられている報告であること、神話的行為が行われたときは形式的な原古であって、このときに全ての本質的なものが基礎づけられ、今日の事物や秩序が作られたこと、また神話は、その事物を単に説明するばかりでなく、同時に、一回的な原古の出来事によって基礎づけ、証明するものであること、さらに神話で語られている原古の出来事は、今日でも関心の対象であるから、その意味では、時間をこえた永遠のものであること」などを付け加える必要があると述べている。

神話の特質をさらによく理解するために、伝説や昔話など類似の物語との異同を対比してみる。宗教性においては、神話は神聖であるが、伝説は世俗的または神聖で、昔話は世俗的である。それぞれの主人公は、神話では神々であり、伝説では人間であるが、昔話では人間または妖精などである。聞き手の受け止め方で対比してみると、神話は真実だと信じられているし、伝説は事実起きたことだと思われているが、昔話は虚構だと思われている。これらの物語りの起きたときは、神話では世界完成以前の太古であり、伝説では歴史上のある時点であるが、昔話には時間観念がない。

神話は、伝説や昔話と違って、その神聖性のために、おおむねタブーや規制を伴っている。伝統社会では、神話は、成人男子のみに教えるべきもので、成人になるためのイニシエーション儀礼を経験していない若者や女子の前では語るべきではないものとされていた例が多かった。また、神話は、神聖な時に、神聖な場所でしか語られるべきではない、とされている場合もある。

神話の種類は、多様であるが、その多くは、その後の諸現象の手本となり、先例になる、原古における起源たる一回の出来事によって、自然現象や文化現象を説明し、基礎づける物語りである。イタリアの宗教学者、ラファエル・ペッタツォーニは、この意味で、真の神話は、全て「起源神話」の性格を備えていると主張した。

起源神話は、何の起源についての神話かという主題の違いによって、宇宙起源神話、人類起源神話、文化起源神話の三つに分けられる。

宇宙起源神話は、だれが、どのようにして、世界を創造したか、に関する神話である。ミルチア・エリアーデなどは、全ての神話がこの種のものだと主張する。宇宙起源の神話には、創造型と進化型とがある。前者には、旧約聖書の「創世記」の冒頭の記事によって代表されるような、創造神による単独での宇宙創造と、イザナギとイザナミが天の浮橋に立って、天の沼矛《あめのぬぼこ》で原初の海をかきまわし、矛の先から滴った塩がオノコロジマになったというような、創造神が協力者をえて行う宇宙創造のタイプがある。進化型には、宇宙卵から世界が生まれたとする、単一の物質からの宇宙誕生を語るフィンランドのカイワレ神話、大気と息吹という二つの元素が結合した結果宇宙が生じたとするフェニキアの神話、あるいはまた、原初神ティアマットが殺され、その死体から天地が作られたというアッカドのエヌマ・エリッシュの神話や中国の盤古《ばんこ》という原初巨人が死に、その息から風が、声から雷が、左目から太陽が、右目から月が、手足から山々が、肉から土ができたという神話など、原初存在の死体からの宇宙発生という類型がある。

人類起源神話は、だれが、どのようにして、人類を創造したか、という神話である。人類の起源を示す神話は、宇宙起源神話に類似したモチーフにそっている場合が多く、しかも全人類というよりは、自分たちの民族や家系の起源を語る場合が多い。「旧約聖書」のアダムとイヴの物語は、創造神による単独での人類創造の典型であるが、創造神が協力者をえて人類創造を行う神話も、複数の手になる宇宙創造の神話と同じような分布で、多数記録されている。他方、進化型の人類誕生神話は、卵から人類が生まれたというボルネオ・ダヤク族の神話やかぐや姫が竹から生まれるような原初物質からの人類誕生、あるいは複数の物質ないし要素の結合による人類誕生の物語がある。そのほかにも、死体からの天地創造と結び付く形で、原初存在の死体からの人類誕生を説く神話が、広く見いだされる。たとえば、インド最古の伝承とされる『リグ・ヴェーダ賛歌』のプルシャ（原人）の歌では、「プルシャの口は、ブラーフマナ（祭司階級）なりき。両腕は、ラージュニア（王族）となされたり。彼の両腿は、すなわちヴァイシャ（庶民階級）なり。両足よりシュードラ（奴婢階級）生じたり」と記されている。

文化起源神話は、だれが、どのようにして、火、穀物、食用動物など、人間の生活に欠くことのできない文化を創造したか、に関する神話である。その作り手あるいは与え手には、神々の場合、文化英雄とよばれる神話的人物の場合、悪戯者の悪戯の副産物として文化が作り出される場合などがある。火は、日本神話では、カグツチとしてイザナミから生まれたとされている。ギリシャ神話の場合は、プロメテウスが、人間の味方をして、ゼウスの意志に反して、天上に隠されていた火を盗みだして、地上の人間に与えたとされている。文化の起源にかかる神話は、世界中に遍在しているが、その中でもことに広く分布し、かつ重要なものは、火の起源の神話と栽培植物の起源の神話である。ただし、火や栽培植物の起源ばかりでなく、ありとあらゆる文化要素の起源が、神話の対象となっている。

なお、起源神話の変種に、やがてもたらされる新しい世界の状態を預言の形で語る終末論神話がある。また、神話とよばれているものの中には、ギリシャ神話の神々の生涯の物語のような、起源神話ではないものもある。

神話学の動向と記紀の神話

各地の神話を比較して、共通の神話を再構築しようとする比較神話学の試みは、一九世紀の時代思潮の中で、マックス・ミューラーたちによって推進された。その背景には、ギリシャ語、ラテン語、サンスクリット語などの諸言語を比較して、元来一つであり、しだいに分化して現在のようになった、インドからヨーロッパにかけての諸言語の元にあったはずの本来の言語を再構築しようとした比較言語学の興隆があった。

ミューラーたちの比較神話学は、三つの特徴を持っていた。第一は、言語的対応を重視したこと。第二は、古代インドのサンスクリット語と古代ギリシャ語に、古来のインド・ヨーロッパ語の形が多く見られたことから、神話においても同様であろうという前提をとり、これらの地域に残っている神話を比較研究の主たる材料として用いたこと、そして第三は、神話の根底には、太陽、嵐、雷などの、自然現象への驚きがあると解釈していたことであった。

二〇世紀になると、このような比較神話学は、解釈の無理やさまざまな矛盾のために、衰退にむかった。しかし、インド・ヨーロッパ語族の神話研究に再度挑戦し、比較神話学の新しい展望を提示したのが、フランスのジョルジュ・デュメジル（一八九八～一九八六）である。デュメジルは、ミューラーたちの提唱を否定するところから出発した。彼は、第一に、言語的対応の重視を否定し、神々の相互関係、つまり構造をより重視した。第二に、ギリシャ神話は、古来のインド・ヨーロッパ神話を忠実に伝承しているとの設定を放棄し、古代オリエントの進んだ文化から刺激をうけた独自の神話体系であると主張し、インド・ヨーロッパ神話は、古代インド、古代ローマ、古ゲルマン、ケルトの神話により多く残っていることを示した。第三に、デュメジルは、神話が自然現象への驚きであるとする仮説を拒否して、フランス社会学の影響のもとに、神話は、人々が共通に持つ世界観が物語の形式で表明されたもので、社会の維持に貢献しているものであると解釈した。

デュメジルは、インド・ヨーロッパ語族は、階層化された三つの要素によって世界が構成されていると、捉えていたと解釈する。彼は、これら三つの要素を機能とよび、この世界観を三機能区分説と名付けた。すなわち、一、神聖性・主権性にかかわる第一機能、二、戦闘性・力強さにかかわる第二機能、および三、生産性・豊饒性・平和などにかかわる第三機能である。これら三機能は、第一機能を筆頭に階層化され、それらが補い合うことによって、完全な神話的世界が構成されるというのである。

デュメジルの三機能説をわが国の記紀神話にあてはめた解釈が、吉田敦彦によって、試みられている。吉田によれば、『古事記』と『日本書紀』に記された神話の主要部分は、高天原、出雲、国譲りの三場面で、アマテラス、スサノヲ、オホクニヌシの三柱の神々を主役として、構成されている。第一神話は、高天原を舞台にするもので、アマテラスとスサノヲを主役とし、両者の誓約と誓約による子の産みあい、スサノヲの乱暴とアマテラスの天の岩屋隠れ、スサノヲの罪払いと天から地上への追放などからなっている。第二神話は、出雲を舞台とするもので、スサノヲとオホクニヌシを主役とする。最初は、スサノヲが怪物ヤマタノオロチを退治する事件であり、スサノヲは、クシナダヒメを妻にした後、根の国に引退し、出雲の主役は、オホクニヌシに交代する。出雲を舞台とし、大和の三輪山の神々の助けを借りて行う国作り神話の主役は、オホクニヌシであるが、オホクニヌシは、自分が主人公になっている神話のちょうど真中で、根の国にいって、スサノヲと波乱万丈の激しい対決をおこなう。第三の神話は、国譲りをテーマとするもので、主役は、アマテラスとオホクニヌシである。アマテラスは、オホクニヌシの国作りによって、国土が瑞穂の国と呼ばれるような豊饒な国になったところで、自分の子を降らせて、支配させようとする。国譲りの神話の中には、高天原の女王のアマテラスと国土の支配者で、地上の神々の首領であったオホクニヌシとの激しい対決が物語られている。オホクニヌシが、ついに「国譲り」をすると、アマテラスは、ホノニニギに三種の神器を授け、日向の高千穂の峰に降し、そこから舞台が日向に移って、皇室の祖先神々のことが語られることになる。吉田は、この物語を、デュメジルの三機能説によって、解釈した。

吉田によれば、これら三柱の神々の三つ巴の対決の物語の諸要素は、デュメジルのいう三機能にちょうどあてはまる。アマテラスは、神聖性において卓越しており、天上と地上の神的王権の主のような存在であって、第一機能にあてはまる性質を持つ。スサノヲは、爆発すれば世界を大混乱に陥れるが、世界にとっての貴重な手柄をあげる無敵の武力を振るうのであって、その性質と働きは第二機能にあてはまる。またオホクニヌシは、国土に農業を広め、豊かな国作りを進め、多くの女神を妻にして多数の子を儲けたのであって、まさに豊饒と生産の主とよぶのにふさわしく、そのまま第三機能に該当する。さらに、鏡、剱、および勾玉の三種の神器が、それぞれ第一、第二、および第三の機能に対応している。そればかりか、天孫降臨神話の中の神々が、三区分イデオロギーに相当する三グループに分かれている。吉田は、このように、記紀の神話は、デュメジルのいう、インド・ヨーロッパ語族の三区分機能説をそのまま反映するような構造を持っているというのである。

さて、わが国最初の体系的な神話学の著書は、高木敏雄が一九〇四年に著した『比較神話学』であった。また、わが国において、初めて神話の学問的な論争を行ったのは、東京帝国大学の宗教学講座の初代の主任教授となった姉崎正治（一八七三〜一九四九）や、高山樗牛《ちょぎゅう》、高木敏雄らであった。だが実情は、高木が、久米邦武の論文「神道は祭天の古俗」（一八九一年）による筆禍事件のために、神代史の研究が頓挫し、学者が議論をしなくなってしまった、と嘆かなければならないような状態であった。戦前および戦中のわが国では、神話の科学的研究、ことに日本神話の広い範囲にわたる諸民族の神話との比較研究は、政治的雰囲気が自由な比較研究を許すような状況でなかったこと、および比較研究の基礎となる民族学が十分に発達していなかったことのために、きわめて困難であった。ことに一九三〇年ころ以後終戦までの時期には、海外における神話研究の成果は、ほとんど入ってこなかった。一九三〇年前後にパリで研究に携わっていた松本信広やウィーンで仕事を進めていた岡正雄の業績なども、ようやく戦後になってから、わが国で出版できるようになったのである。

戦前、戦中のいわゆる国家神道のカルトは、記紀の神話を、政治的な目的のもとに、意図的に歴史と混同し、超国家主義的な宣伝のために利用した。このことは、神話の本質の一端をあざやかに顕示している。たしかに、一方には、神話は、叙事詩であり、作り事、虚構であって、行為およびロゴスに対立するものだとする考え方が、ギリシャ・ローマ以来の、そして近代欧米の認識として成立している。しかし一方には、神話学が民族学や人類学の知見を支えとして明らかにしているように、神話は、多くの社会において、神聖で、規範として作用し、真実として信じられている、という現実がある。別のみかたをすれば、神話が現実社会における強制力を失ったときに初めて、神話の学問的な研究が可能になる、ということもできるのである。わが国の一般知識人の神話についての知識や見方が、偏狭であったり、極度に否定的な態度で接しようとしがちであったりするのは、神話がわが国の市民の自由を拘束した時代の後遺症だともいえるのである。

参考文献

ミルチア・エリアーデ『神話と現実』（中村恭子訳）せりか書房、一九七三年
大林太良『神話学入門』中公新書、一九六六年
W・ロバートソン・スミス『セム族の宗教』（永橋卓介訳）上・下、岩波文庫、一九四一年
ジョルジュ・デュメジル『神々の構造』（松村一男訳）国文社、一九八七年
吉田敦彦・松村一男『神話学とは何か』有斐閣、一九八七年

6 儀礼

神話が世界の根源を言葉とイメージで表すように、儀礼は、世界の根源を演出し、演劇化する。世界は、表象ばかりでなく、行為によって形作られる。宗教のシステムは、神話言語とともに、儀礼の執行によって成り立つのである。人々は、円滑な日常生活を送るために、聖なる世界との折り合いをつけていかなければならない。そのための手段が「儀礼」である。その意味で、儀礼は、宗教の本質的な部分を構成している。儀礼が営まれるのは、世界の秩序を維持するためであり、危機を克服するためなのである。

儀礼の通念

神話が、世界の基礎を言語とイメージで表現するように、儀礼は、世界の基礎を行動で劇化する。

神話と儀礼という二つの概念は、宗教を理解するときに、同じように重要である。現に、ローマ人のレリギオという言葉は、儀礼の執行にたいへん近い意味だった。諸々の世界は、表象を通して形作られるだけではなく、行動を通して形成される。そして、一つの宗教体系は、同時に、一つの神話体系であり、一つの儀礼執行体系なのである。

それだとすれば、神話と儀礼は、どのように関係するのか。神話と儀礼との間の密接な関係を強調する立場は、今世紀における一つの流れである。ロバートソン・スミスは、「神話は、儀礼に由来するもので、その反対ではない。儀礼は固定されているが、神話は流動的なものだし、また儀礼は強制的であるが、神話を信じることは信仰者の裁量に任されているからである」(『セム族の宗教』)と主張し、これを受けたフレーザーや神話儀礼学派とよばれる一九二〇年代のオリエント学者たちは、神話をもっぱら儀礼から説明した。神話と儀礼が関連している場合には、神話に語られた原古の出来事が儀礼によって反復され、これを通じて原古の創造性が更新され、秩序が基礎づけられるという構造になっている。この構造は、新年の儀礼における創世神話の儀礼的反復、即位式における建国神話の儀礼的反復などに、ことによく現れている。神話的裏付けのない儀礼もあれば、儀礼の裏付けのない神話もあるけれども、多くの場合に、儀礼と神話は、相互に結び付いている。

儀礼は、世界を構築し、世界を表現する。ことに儀礼は、時間とのつながりに、重要な特徴を示す。時間は、神話の組織であるのと同じように、儀礼執行の骨格でもある。人々が時間の中でどう生きているかは、彼らが世界の中でどう生きているかと、同等である。儀礼のための特別な時間は、大規模だろうと小規模だろうと、定期的だろうと不定期的だろうと、一つの宗教体系の聖なる価値を体現している。

ひるがえって、宗教的な世界観においては、聖なる世界と俗なる世界とは、厳格に区別される。聖なる世界は、日常の世界に意味を与え、それを支えてくれる。人々は、聖なる世界に近づき、そこから意味をもらい、支えをもらってこなければならない。それは、周期的に繰り返される場合もあるし、また、危機がおとずれた時に特別に営まれる場合もあるが、つねに、儀式あるいは儀礼の形をとる。儀礼は、人々が「聖なるもの」の出現に一定の様式を与えて行ってきた営みにほかならないのである。

宗教的な世界観では、世界が、もともとは、混沌としたカオスの状態にあったと考える。人々は、原初のカオスを意識しつつ、世界に秩序をもたらす働きを措定する。秩序のある世界は、コスモスであり、コスモスを実現するための有力な手段が、儀礼なのである。

儀礼には、季節の運行に従って周期的におこなわれる祭礼があり、村や町の住民は、挙って参加する。人々はまた、人生の歩みにしたがって、各段階の区切りとして、一群の儀礼をおこなう。それらの中には、お宮参りや七五三といった子供の成長にかかわるものから、成人式、結婚式、さらには葬式や死後にも法事と、種々の儀礼が営まれる。さらに、天災や人災、戦争や大地震などで犠牲者が発生したとき、これらの人々の慰霊のための儀礼が行われるし、あるいは生命をとしてこれらの危機に立ち向かった人々を記念、顕彰するための儀礼も、さかんである。

考察の手がかりとして、わが国で広く行われている、神道式、いわゆる神前結婚式における儀礼の流れを振り返ってみる。その式次第をおってみると、まず新郎・新婦と媒酌人、さらには両家の家族や親族などが式場に入って、所定の位置に着席する。神主が、お祓いをして、参列者一同を清める。そして祝詞を奏上し、神々に感謝する。新郎・新婦は、三三九度の杯を交わし、新郎が誓いの言葉の書かれた誓詞を読み上げ、新郎と新婦が揃って玉串をささげる。その後、指輪の交換を行い、媒酌人や新郎・新婦両家の代表が玉串をささげる。媒酌人と親族一同が杯を交わし、両家の家族、親族の紹介があって式を終わる。そこには、一定の型があり、この儀式の参加者たちは、その型にしたがって行動する。その型は、参加者がかわっても同じであって、神主の奏上する祝詞はもとより、新郎の読み上げる誓詞ですら、形式が定まっている。用意された文章を、名前だけかえて読むというやりかたは、まったく珍しくない。

儀式の目的は、儀式を整然と進行させることにあり、逸脱は許されない。そこでは、挙式後に続く二人の生活の安定した役割の継続をあらかじめ先取りして示している。結婚式では、挙式と披露宴が対をなしている。披露宴の中でも、内容は、二つに分かれている。前半は、儀礼的な厳粛な場面が続くが、後半は、くだけた祝宴となる。その対比は、日本の伝統的な祭礼の儀式における潔斎と祝祭の対比に相当する。結婚式と披露宴、そして披露宴のなかでも、整然とした儀式とくだけた共食儀礼の部分とは対照的である。祝祭に入ると、騒然とした世界が繰り広げられ、そこでは儀式の中心である新郎・新婦でさえ、失敗談などが披露されて、冗談の対象となる。

あらゆる儀礼には、一定の形式がそなわっている。新しい生命の誕生を祝するには、それにふさわしい形式、反対に、死の悲しみを癒すにも、それにふさわしい形式が要求される。そこには、激しい感情の爆発を抑え、日常の秩序を速やかに回復させようとする社会的な配慮が働いている。世界は、本来混沌としたカオスであり、一旦築かれた聖なるコスモスも、常にカオスへ逆転していく危険を秘めている。儀礼は、人々の求めるコスモスの象徴的な提示であり、その表現は、美的な基準にそう形に洗練されている。人々が儀礼をくりかえすのは、宗教的世界観の必然性に根ざしている。

ところが、近代の人々、ことに西欧の人々は、さまざまな偏見の取り合わせの結果、往々にして儀礼の概念を矮小化してしまった。合理主義者の目には、儀礼は、神話と同じように、古ぼけていて、およそ合理的でない、迷信的な呪力の操作のように映る。呪術としての儀礼のイメージは、古い比較宗教学の書物の多く、たとえばフレーザーの『金枝篇《きんしへん》』などに見られる。雨を降らせる水を注ぐというような儀礼は、人々が影響を与えたいと思う自然の力の真似をする、ないしはその演技をするものとして、描写され、これは、「共感呪術」とよばれた。祭礼もまた、呪術として、すなわち、自然の年々の危機的な変化を儀礼的に制御しようとする季節の儀礼として定義された。プロテスタントの多くは、儀礼というと、往古のエルサレムの寺院祭祀やカトリックの司祭的、儀典的体系を連想する。彼らは、儀礼という言葉から、異教徒の蛮行だけでなく、ひとえに恩寵によるよりも外的な働きによって救済されるのだという、誤った考え方を想起する。一般大衆の用語法では、儀礼は、何らか機械的な、型にはめこまれたようなものを意味する。儀礼とは、定められた規則によって記された行動である、と述べているものさえある。

文化的な偏見に基づくこうした儀礼のイメージは、研究を混乱させ、その進展を妨害する。儀礼固有の構造、機能、言語の研究を進めるさいには、こうした偏ったイメージにとらわれないように、注意する必要がある。

さて、代表的な儀礼の類型には、「通過儀礼（rites of passage）」と「強化儀礼（rites of intensification）」がある。前者は、個々の人々の危機に対応する、後者は、社会ないし共同体の危機に対応する、儀礼である。これらのほかに、社会が、恒常的にその秩序を維持し、人々が生活のけじめとする儀礼として、「年中行事（seasonal observance）」をあげるべきであろう。

通過儀礼

「通過儀礼」は、社会の成員である人々が、誕生、成人、結婚、死といった、生涯の節目を通過する時に行われる儀礼である。通過儀礼が発生した理由については、さまざまな説があるけれども、一つは、一定の年齢集団ごとに特殊な意味を認めようとしたこと、つまり年齢集団ごとに特殊な存在意義を認めようとしたことである。人間の成長を単なる生理的年齢の連続または堆積とみるのではなく、蛇や昆虫が一定期間をおいて脱皮しながら成長し、幼虫から成虫へ、蛹から蛾へとメタモルフォーゼしながら変化していくことの類推で捉えられている。つまり、一定の期間ごとに、生と死が、成立し、完結し、そして次の段階で再生が企てられて、成長発達する。こうした完結する各時期、段階の連鎖によって人間の一生は、成立する。各段階の通過儀礼は、生と死と再生を儀礼として表現する慣習にほかならない。

このような慣習の重要性に気づいて、理論化を試みたのが、オランダ生まれで、フランスで活躍した人類学者、アルノルト・ファン・ヘネップ（一八七三〜一九五七）であった。彼は、これらの儀礼が、人々を新しい社会的地位につける効果を持つことに着目して、通過儀礼という名称を付け、成人式の儀礼を考察して、この儀礼を受ける者は、「敷居を跨ぐ」ことによって、一つの世界から別の世界に移ったと感じるといい、この儀礼の基本的な構造は、以前の世界からの「分離」、以前の世界から新しい世界への「移行」、および新しい世界への「結合」の三段階からなる、と分析した。

以前の世界からの分離は、隔離を必要とする。そして、新しい世界への移行の時期は、不安定で、危険な時期である。イアン・ホグビンが観察したニューギニアの村の成人式の儀礼では、少年たちが特別の家の中に閉じ込められ、怪物の脅迫に悩まされ、最後には切り傷をつける儀式の過程で、死の可能性が現実なものになるほど傷つけられる、ということが示されている。この儀礼を経て、少年たちは、新しい社会の集団に結合されるのである。この例の場合、以前の世界から新しい社会への移行は、社会の次元において示されているが、この理論はまた、人間の精神が世俗的な様態から神聖な様態に移行する、内面的な通過儀礼を説明するためにも用いられる。

このモデルは、儀礼が、宗教の象徴的体系における観念的な主題と想像上の飛躍に、構造的な基礎を与えていることをよく示している。諸宗教の歴史には、成人式その他の通過儀礼が多数見いだされる。通過儀礼については、ブルーノ・ベッテルハイムのオーストラリア原住民の成人式における割礼の研究やクリフォード・ギアーツによるジャワの葬式に関する研究など、優れた研究の成果が、多数公表されている。

わが国の生活習慣では、さまざまな儀礼が、ほとんど宗教的という感覚もなく、日常化され、実施されている。生誕から幼年期におよぶ産育儀礼をはじめとして、成人式、結婚式を通過して、葬式にいたるまで、それぞれの段階ごとに左記のような、固有の名称を持つ儀礼があるが、一般に、それらは一括して「冠婚葬祭」とよばれている。さらに死後にも、法事の形でさまざまな儀礼がおこなわれている。ヘルマン・オームスは、日本人の生活のリズムの中に、この世で成人するサイクルとあの世で一人前の先祖になるサイクルの二つがあることを指摘している。わが国においてごくあたり前におこなわれている通過儀礼を、おおまかに列挙してみる。

着帯　妊娠五か月／お宮まいり　男子・生後三一日、女子・生後三三日／お食い初め　生後百日か一二〇日／初節句　男子が初めて迎える五月五日、女子が初めて迎える三月三日／七五三　男子は五歳、女子は三歳と七歳の一一月一五日／入園式、入学式、卒業式／成人式　二〇歳の一月一五日／入社式／結婚式／還暦、古希、喜寿、米寿、白寿／葬式／初七日／四九日／一周忌／三回忌／七回忌／一三回忌／三三回忌／五〇回忌ないし弔《とむら》い上げ

このようにしてみると、妊娠、生誕から始まって、社会生活を行い、長老として隠居に入るまでこの世の節目の儀礼は、神社ないし神道との関連が深く、葬式に始まって弔い上げにいたるあの世の先祖の儀礼は、寺院ないし仏教と関係が深いことがはっきりする。神道の儀礼と仏教の儀礼を合わせて、わが国の民間で行われている通過儀礼のサイクルは、完全な円環になるのである。

強化儀礼

「強化儀礼」は、社会システムの均衡が破られそうになったとき、すなわち社会全体にかかわる危機に際して、社会の相関関係を強化し、社会の均衡を維持するために、おこなわれる儀礼である。この種の儀礼は、共同体的な行事であって、当該社会の基本的な価値を表出し、社会統合を増進する。ロイド・ウォーナーが描くアメリカのメモリアル・デイ（戦没者追悼の日）の行事は、この種

の儀礼の性格を巧みに描きだすことに成功した。メモリアル・デイは、戦没者のための儀式であるが、そこでは、アメリカ市民によって、アメリカ市民のためにつくられたアメリカ市民の理想像としてのアブラハム・リンカーン、すなわち平等主義の権化、階級社会の中で自力によって上昇を果たした市民、そして全ての人々のために一命をささげた人間味あふれる指導者といった、アメリカの基本的価値と信念の象徴的表現が、繰り返し提示される。理念化されたリンカーンは、アメリカ社会の集団表象にほかならない。

メモリアル・デイは、アメリカ社会の多様な宗教的、階級的集団を組織し、統合する機能を果たしている。その主題は、生き残った人々のために一命を捧げた戦没者の犠牲と生き残った人々の集団の安寧発展のために捧げられた犠牲にたいする、生き残ったものの感謝と報恩の義務の表象である。この主題の提示においては、戦没者が一命を捧げたのは、自発的であったこと、犠牲的な行動は、私心を超え、自己中心的な発想を超えた尊い志によるものであったこと、そして、彼ら自身の命の母国の祭壇への供犠は、全ての人々のためになされたことが強調される。ウォーナーは、メモリアル・デイの行事においては、プロテスタントも、カトリックも、ユダヤ教徒も、ギリシャ正教徒も、共通の戦没者のために、共同の墓地で、一緒の儀式に参加すること、そして彼らは、各自の宗教に固有の儀式においてはそれぞれの固有性を表明するけれども、メモリアル・デイのパレードや記念行事を一緒に行うことによって、共同体の一体性を強化していることを重視する。ウォーナーによれば、一つ一つの儀礼が、戦争では、社会の全ての人々が犠牲をはらい、その中には命を捧げた人々がいたこと、そしてその犠牲の行為は、分断された個別の集団の一員としてではなく、一体化されたアメリカ社会の市民としてなされたものであることを再確認するのである。

メモリアル・デイは、今日のアメリカの祝祭日のカレンダーの中で、重要な位置をしめている。しかし、その起源は、南北戦争終結の直後に、北部の各地で、この内戦で戦死した北軍の将兵に敬意を表するための日として、聖別された。アメリカのために命を捧げた人々全てを顕彰し、記念する日となったのは、第一次世界大戦以後のことである。南部でも、国に命を捧げた人々に敬意を表する祝祭日として、記念、顕彰の行事が行われるようになったのは、最近のことである。

わが国においても、戦没者にたいする表敬の行事は、さまざまな形をとっておこなわれている。戦前のように、陸軍や海軍が主導権をとって、戦没者を記念、顕彰するとともに、戦没者の霊をなぐさめるための施設、靖国神社に、天皇以下の公人が参拝するという、きわめて意図的に作られたシステムは、アメリカを初めとする連合国による日本占領のもとで消滅し、当時制定された日本国憲法の政教分離の原則によって、排除されている。しかし、終戦記念日である八月一五日には、国の施設に、天皇や首相が出席して、戦没者追悼の行事がおこなわれている。広島および長崎への原爆投下を記念する八月六日および九日には、広島および長崎で原水爆禁止と平和をよびかける大集会が、恒常的におこなわれている。一般に、これらの行事は、宗教行事ではないと観念されているけれども、その機能において、強化儀礼的な要素を含むことは、まちがいない。ただし、ことに後者において、その均衡維持の目標が、グローバル化していることは、注目に値しよう。

年中行事

世界各地の年中行事は、おおむね宗教に起源を求めることができる。たとえば、季節の節目に設けられているアメリカの祝祭日は、全てのアメリカ人が遵守するシンボル・システムである。なかんずく、クリスマス、イースター、およびサンクス・ギビングは、キリスト教を基盤とするアメリカ社会が、その共通の価値観と感情を表明し、分かち合うために、社会が決めた祝祭日である。こうした行事が、社会的な価値付けをもって固定するためには、暦の発達が条件になる。暦は、時間の観念が当該社会の生活様式に応じて決定されたものであって、特定の観念の体系を示している。行事として決定され、暦に位置づけられたときには、その行事には、政治的、社会的、文化的なさまざまな意味が付着する。

わが国の年中行事の特徴は、稲作を基盤にした豊饒儀礼と、豊饒を保証する神と重なる祖先を供養する儀礼とに求められる。今日、わが国で一般に行われている年中行事を、暦の順に列挙してみると、

正月　一月一日／七草粥　一月七日／鏡開き　一月一一日／成人式　一月一五日／節分・豆撒き

二月立春の前日／雛祭り　三月三日／春の彼岸・墓参り　春分の日／花祭り　四月八日／端午の節句　五月五日／七夕　七月七日／お盆　七月一五日／秋の彼岸・墓参り　九月秋分の日／大晦日　一二月三一日

などがある。このほかに重要なものとしては、各地の神社で日程がさだめられている春の祈年祭と秋の収穫祭がある。これを要約すると、わが国の年中行事は、春秋の稲作儀礼、正月と盆の祖先祭を中心として構成されているのである。

わが国の年中行事には、国家的行事として国全体を場とするものと、村落を場とするものとがある。そのいずれにも共通する重要な点は、稲作の豊饒儀礼と先祖との交流を象徴する儀礼が中心になっていることである。柳田国男（一八七五～一九六二）によれば、稲の守護神と祖先神が同一神格と観念されていたことが、稲作の豊饒儀礼と祖先祭祀が結びつく契機になっており、日本人の霊魂観においては、人の死後の霊は、子孫の生活する地域の近くの山頂にとどまり、時季をさだめて訪れて子孫と交流するのである。個々の行事の名称が異なり、迎えられる神々の名前が多様でも、祖先である神々は、かならず子孫の祭の場に臨むのであり、年中行事の儀礼においては、人々と神々とは、象徴的に、一元的な連続線上におかれている。

わが国の年中行事は、基本的に「家」を単位として営まれ、その範囲が「家」を軸にして、親族集団、地縁集団に拡大する。ここに、稲作と祖先とを媒介とする人間関係の広がりと年中行事を通じてのその安定化を認めることができる。いいかえれば、わが国の宗教的基盤は、人間関係にあるといえる。柳川啓一（一九二六~九〇）は、「個人の宗教はないというひとでも、家の宗教はこれです、と答える。あるいは、村とか町の地域の神社の祭りには参加している。つまり、宗教の単位は、家とか村とかにいる人間関係なのである。そして宗教は、習慣とか風習と区別できずにまじり合っている」と観察する。そして柳川は、日本人が儀礼を重視し、教義、教団、戒律をあまり顧みない特徴を分析して、日本人の宗教は、人間関係に立脚する宗教なのである、と結論する。

われわれの生活を改めて振り返ってみると、年中行事や社交の決まりごとの背後に、宗教的な伝統がかかわっており、儀礼にみちみちていることに気付く。一般の日本人においては、「宗教」といわれても、身近には感じられないのが普通である。世論調査の回答から見るかぎり、「信仰する」と答える者は、おおむね三分の一程度なのである。しかし、ここでみてきたような諸々の儀礼には、ほぼ全ての人々が、当然のこととして、あるいは習慣として、参加しているのである。

今日、宗教は、個人のものであり、私的なものでなければならないという考え方が支配的である。そのような考え方から、習慣化し、風習化した通過儀礼や年中行事を、形式的、非合理的だと非難し、日本の宗教そのものに否定的な評価を加えようとする態度が、往々にして見られる。しかし、われわれの社会生活は、儀礼によって、すなわち宗教に起源する社会慣習によって律せられているからこそ、けじめがついているのである。儀礼の研究は、われわれの伝統と社会規範をじっくりと再検討するためには、もっとも重要な領域であるといわなければならない。

参考文献

柳川啓一『祭と儀礼の宗教学』筑摩書房、一九八七年
柳田国男『定本柳田国男集』第一三巻、筑摩書房、一九六三年
W・R・コムストック『宗教―原始形態と理論』（柳川啓一監訳）東京大学出版会、一九七六年
竹沢尚一郎『象徴と権力』勁草書房、一九八七年
アルノルト・ファン・ヘネップ『通過儀礼』（綾部恒雄・裕子訳）弘文堂、一九七七年
Lloyd Warner, *The Living and the Dead*, Yale University Press, 1959.
H. Ian Hogbin, "Pagan Religion in a New Guinea Village," in John Middleton, ed. *Gods and Rituals*, New York, Natural History Press, 1959.

7 時間と空間

宗教的な世界は、固有の空間と時間のイメージを持っている。宗教的な世界の空間観、時間観の特性は、あの世とこの世との二元性にある。宗教的な空間や時間は、人々がおこなう儀礼や神話によって表出されて秩序を強化しているが、すべての終わりという観念が、既成の秩序に挑戦するダイナミズムを生む。この章では、人々の宗教の世界を、空間と時間という視点からみてみると、人々にとってあの世とこの世が、どう構成され、どう違い、どうつながるのか、について考える。

この世とあの世

宗教的な時間観と空間観は、この世とあの世という表現に、簡明に現れている。原始宗教や民族宗教、そして古代宗教においては、この世の価値が重視されていた。狩猟、農耕などの生産の豊かなことを願い、病気平癒、あるいは戦争の勝利を祈るなど、この世の問題の解決と宗教は、直結していた。そこでは、宗教は、儀礼や神話によって、この世の秩序を構築してきた。人々は、いわば神話と儀礼によって、この世のカオスの上にコスモスを打ち立ててきたのである。

たとえば日本人の宗教的な世界のイメージにおいては、「里」と「野」と「山や海」が識別されていた。柳川啓一によれば、「現在の民間習俗から推測できる世界観は、一つの共通性を持っている。人間が生活し、耕作する場を「里」とすれば、「山」または「海」が他界となる。他界とは、神または霊、また、妖怪や魔物など、人間ならぬものが居住するところである。「野」は、その中間地帯となる。先祖あるいは死者が山に住んでいるという観念は、青森県下北半島の恐山の例が有名であるが、山に地獄や極楽など、あの世に関係した地名が多いこと、山中に墓所を求めることによっても知られる。盆のときに、先祖がどこから来訪するかということは、区々の考えがあって、とりまとめはむずかしいが、山から里へ、盆道を作ったり、盆の花を山からとってくることなど、山とのかかわりも深い。さらに、民俗学でいう、二月または四月に山の神が里に下がって田の神となり、一一月に田の神が山に登って山の神となる、という伝承が広く見られることにも、山と里との交渉がうかがえる」のである。さらに、人々は、里の中の小さな山として、鎮守の森を造り、そこにやしろを設けて、神々の座所とした。こうした神々とのであいの場は、「里」の生活の中心とされた。そして、人々は、集い、祈り、儀式をおこなうための場としての、神々との共生を実現する場としての、鎮守の森を守ってきた。

神々の世界と人々の世界が聖なる中心を介して繋がっているという世界観は、どこにでも見ることができる。ミルチア・エリアーデは、「宗教的人間の行為は、本人の口から引き出された説明によってよりも、彼が大切にしている象徴や神話によってより明確に示される。……寺院や住居のシンボリズムを理解するとは、何よりもまず、聖なる空間の宗教的価値付けを理解することである。これらの象徴や儀礼は、寺院や宮殿の存する空間を「世界像」であると同時に「世界の中心」であるものに変質させる。一見しただけで、聖域がこの上なく聖なる領域を示していることは明かである。しかしながら、必ずしも聖域が場所を神聖にしているのではない。多くの場合、それはまさに逆なのだ。場所の神聖さが聖域の建立に先立っているのである。いずれにしても、問題は、聖なる空間、すなわち質的に周囲の環境とは異なった領域、俗なる空間の内部できわだち、超脱している領域にある。そして、あらゆる種類の聖域の起源には、俗なる空間という無辺の混沌とした正体の定かならぬ領域に囲まれた「聖なる空間」という観念が見られる。混沌とした領域であるとは、まさに、組織化されていないからであり、正体の定かならぬ領域であるとは、その境界や構造が知られていないからである。聖なる空間は、俗なる空間と判然と対置されている。なぜなら、前者は、明確な境界を持ち、完全に構造化されており、いわば「中心に置かれ」、「凝縮化されている」からである」と述べている。

エリアーデは、ある場所への聖なるものの顕現《けんげん》は、その神聖さを信じるものにとっては、超越的実在の出現を意味していると説明する。聖なるものは、俗なる世界には属さず、他所から来るもの、この世を超越するものであって、この上もない実在なのである。聖なる空間は、エリアーデによれば、次元の裂開、すなわち超越的世界、超越的実在との交流を可能とするような裂開に現れるのであり、すべての民俗の生活における聖なる空間の重要性はそこに由来しているのである。エリアーデは、人間はある時代までは、そのような超越への入口なしには、すなわち神々の住む聖なる世界であるが故に真の実在の世界である別世界と交流のための確固とした道なしには、生きることができなかった、とまでいっている。

世界宗教の出現と終末論

人々は、また一方で、この世の秩序がいかにはかないものか、を体験しなければならなかった。やがてこの世界のコスモスが崩壊してカオスに逆転してしまうのではないか、という心配を持ち、人々は、秩序あるコスモスであるこの世は、混沌たるカオスの上に浮いているのだという恐怖をいだかざるをえなかった。

それは、個人の次元でいえば、死への恐怖であり、社会の次元でいえば、終末への恐怖であったといいかえてもよい。その意味で、死と終末とは重なりあうことになる。その心配が究極的になると、この世の終わりが来るという信仰、「終末論」が生まれる。終末論は、この世を超越する世界、ないしあの世の世界に、この世を超越する絶対的な価値を見出し、この世の価値を否定する現世拒否の思想を構築する。そして、現世拒否の思想に支えられた宗教は、「ユートピア」への期待を生むこととなり、歴史転換のダイナミックなエネルギーに結び付いていく。

現世の価値を超越したところに、究極的な価値の世界を求め、究極的な価値を端的に重視するために、この世の価値を否定するという徹底した立場は、紀元前一〇〇〇年頃、世界の四つの先進文明地域に出現した知的革新運動の中から、宗教的な現世拒否という現象となって出現した。この世を超越したあの世を、それこそが本当の真実で、無限の価値を持つものとして崇めるようになったということである。

これらの宗教は、人類、社会およびコスモスの終局的運命など、全ての事物の終わりについての教え、すなわち終末論を持っている。終末論は、ペルシャ教、ユダヤ教、キリスト教などでは、世の終わりを信じ、その時最後の審判があって、善人と悪人とはその運命を異にし、神の善が永遠の勝利を得ると教える。さまざまの宗教に現れる「終末」のテーマは、諸宗教ごとに、きわめて多様に理解され、展開されている。

終末論は、ユダヤ教、キリスト教、イスラム教を貫く伝統を形成している。仏教的な世界においても、末世の訪れに対する信仰が社会を支配した時代がある。釈迦の入滅後、正法《しょうぼう》の時代が千年続き、像法《ぞうぼう》の時代がさらに千年、そして日本では永承七（一〇五二）年が末法《まっぽう》の世の第一年に当たるものと考えられた。この末法の世は、まさに終末として解釈され、人々は、仏の教えが滅び、この世が無秩序な状態に化すと信じていたのである。

天台宗の源信《げんしん》は、末法の時代に生きているという認識のもとに、『往生要集《おうじょうようしゅう》』を著し、浄土信仰を体系的に記述することを試みた。『往生要集』は、いかにして極楽往生をとげるかを示した書物であるが、特に冒頭に取り上げられ、詳しく描写されたのは、地獄の姿であった。それは、『地獄絵巻』に残されているようなおどろ恐ろしい世界であって、人々は、あまりにも凄惨な地獄の有様に恐怖し、その恐怖ゆえに、阿弥陀仏の人々を救済する広大無遍の悲願に絶対に帰依し、極楽往生への願いをますます強くせざるをえなくなるように書かれていた。例えば、八大地獄の第六番目に当たる焦熱地獄は、次のように描かれている。

「六に焦熱地獄とは、大叫喚の下にあり、縦広、前に同じ。

獄卒、罪人を捉へて熱鉄の地の上に臥せ、或は仰むけ、或は覆せ、頭より足に至るまで、大いなる熱鉄の棒を以て、或は打ち、或は築いて、肉はくの如くならしむ。或は極熱の大いなる鉄ごうの上に置き、猛き炎にてこれをあぶり、左右にこれを転がし、裏表より焼き薄む。或は大いなる鉄の串を以て下よりこれを貫き、頭を徹して出して、反復してこれをあぶり、かの有情の諸根・毛孔、及び口の中に悉く皆炎を起こさしむ。或は熱をかまに入れ、或は鉄の楼に置くに、鉄火猛く盛んにして骨髄に徹る。」

地獄についての描写は、さらに延々と続くが、『往生要集』の究極的な目的は、阿弥陀仏への信仰を高めることにあった。したがって、もっとも大切な「臨終の行儀」と題された部分では、念仏者の臨終に際しての在り方が示されていた。死に臨んだ者ばかりでなく、その周囲に集い、極楽往生を願う者たちが、力をあわせて念仏を唱えれば、阿弥陀仏が迎えにきて下さるという弥陀来迎、西方浄土《さいほうじょうど》への往生の教えを説いたのである。

また庶民にたいする布教のレベルでは、こういった地獄のイメージは、地獄絵を用いての絵説きという説教の方法を生んだ。それは、陰惨な地獄絵を前に、説教者が、地獄に落ちないための社会的な道徳を聴衆に向けて説くものであり、一種の道徳教育でもあった。ダンテの『神曲』もまた、西欧文明において、同様の役割をになったといえよう。

キリスト教において、終末観は、神学的な検討を加えられ、中心的な説教になった。キリスト教にとって、終末とは、罪とけがれの領域であるこの世界を滅ぼし、世界審判によって義人に永遠の生命を、悪人に死を定めようとする神の意志の実現の時を意味し、キリストの受肉・十字架上の死・復活・栄光化は、終末の始まりを示した。イエスの宣教における「神の国」とは、現世がそれを目指して発展していくものではなく、宇宙の破局と共に外から侵入してくる超世界的なものである。

初期キリスト教団には、この神の国は、目前に迫っているものと受け取られていた。教団は、この意味で、終末論的集団であり、「古き世」にではなく、「キリストのできごと」によって、「新しき世」に属する超歴史的集団であった。しかし他方、教団は自らを神の計画にもとづいて信仰する救済史の完成と受け取った。こうした観点から、イスラエルの歴史は、その歴史性を喪失して、神の人類に与えられた古い契約として統一的に把握され、教団は自らを新しい契約にもとづく団体であると見なした。

この契約の完成は、間もなく始まるにちがいない世界の破局を前触れとして起こるキリストの再臨・人類の復活・最後の審判を通して実現されるべきものであった。しかしキリストの再臨は遅延し、終末における救われたものの共同体であった教団は、自ら超歴史的集団としての性格を失い、すでに始まった終末からキリストの再臨にいたる中間期にある存在になったことを認めざるをえなかった。このテーマは、さまざまなカルトないし新興宗教運動のテーマとして、今日にいたるまで繰り返し現れてきている。

天国と地獄の二分観は、仏教圏やキリスト教圏の民衆のあいだに定着した死後の世界の表現形態であった。そして、死後いずれに行くかは、生前の行ないによる、という因果応報観が展開した。そうした観念が高まると、権力、富、社会的地位、知識、美、性的関係など、この世で評価されるものはすべて否定される。親子、夫婦の人間的なきずなも、信仰の心を薄めさせる恐れがあるとして否定される。それは、「私がきたのは、人をその父と、娘をその母と、嫁をその姑と仲違いさせるためである」（マタイ伝一〇・三五）とか、「親、兄弟のために念仏すべからず」（歎異抄《たんにしょう》）という主張になる。生命さえもみずから放棄しようとする異常な行動様式もあらわれる。中世の西欧における死後の運命への関心の高まりや平安時代末期から鎌倉時代にかけての日本における極楽往生をもとめて自ら死への船出をえらんだ補陀落《ふだらく》参りなどに、その例を認めることができるのである。

他方、地獄にしても、終末にしても、カオスの悲惨をことさら取り上げて、恐怖感を抱かせる伝統の定着から、けがれたこの世を超えたところに、もう一つの別の世界、ユートピアの存在が観念されてきた。天国や浄土を具体的に表現し、そこで生きたいという観念を強化する方向である。この世を超えたあの世を示す宗教の働きのために、宗教は、本質的にユートピアを求める動きと重なりあってくる。ユートピアは、人類の歴史を通して、さまざまな形で現れてきたが、それは、一方では文学的な表現の形を取るとともに、もう一方では、社会的な改革運動として、展開されてきた。

文学的なユートピアの例としては、中国の詩人陶淵明《とうえんめい》の描く『桃花源記』がある。狭い洞窟の向こうに開かれたユートピアは、秘密の空間である。そして、この詩文に耳を傾ける者は、心の奥底にあるユートピアへの思いをかきたてられ、ユートピアは、空間の世界に生き続ける。他方、ユートピア思想が運動になると、現実の社会が持っている倫理観や価値観を激しく非難し、新しい社会秩序の構築をめざすエネルギーになる。

いわゆる世界宗教とよばれる、仏教、キリスト教、イスラム教のような、人種、民族、国家の枠を超えて伝播した宗教では、地獄と天国の教説が民衆の心に大きな影響を及ぼした。その結果、今日にいたるまで、宗教とはあの世を説くものであるという考えが、多くの人々に幅広く受入れられているのである。

超越性と現世拒否

これらあの世を極端に強調する諸宗教を、ロバート・ベラーは、古代宗教からも近代宗教からも区別される特徴をそなえた「歴史宗教」という類型として識別した。その基準は、これらの宗教が、すべてある意味で超越的であるという点にあるという。そこでは、原始宗教や古代宗教の宇宙一元論は、根源的に打破され、宗教的人間にとって最高の価値を持つ普遍的現実の領域が経験的宇宙とは別に存在すると認識される。経験的宇宙の領域とは全く違う宗教的現実の領域があるということは、与えられた経験的宇宙の価値が減ることを意味し、かくして現世拒否がこれらの宗教の重要な特徴になる。

新しい二元論は、すくなくとも大衆にとっては、現世の生活と死後の生活との対比のなかに象徴的に表現される。原始宗教や古代宗教においては、人々の宗教的関心はもっぱら現世の世界、この世に焦点を置いていたが、世界宗教においては、もう一つの別の世界、あの世に焦点をおく。その世界は、限りもなく優れている天国ないし浄土であるか、あるいはさまざまな地獄観にしめされるように、限りもなく悪いものかのいずれかである。このような状況のもとで、「救済」が宗教の中心的な目標になる。これらの宗教の観点からいえば、もはやどの種族ないし部族の出身であるか、あるいはどのような社会的地位を占めているかは問題ではなく、人間そのものが救済されるべきものとして定義されることになる。

宗教活動は、そうなると、とりわけ救済のために必要な行為となる。これらの宗教は、人間そのものをその本性に重大な欠陥があるものとして断罪する。仏教は、人間の本性は貪欲と怒りであり、人はそれからの全面的な離脱を追及しなければならないと教える。ヘブライの予言者にとっては、人の罪は、彼が神を軽んじていることにあり、完全な服従に立ち返ることによってのみ神に受け入れられるものとなる。ムハンマドにとって、カフィールとは不信の徒というよりは、神の温情を気にとめない忘恩の徒であり、彼にとっては、イスラム、すなわち神の意志にすすんで従うことだけが救済をもたらすことになる。

経験的世界と経験的自我の価値が低くなると、単なる感覚的な印象の浮動にかかわりのない自らに対立する現実に直面する真の自我という考え方が出てくる。原始宗教が経験的世界をその多様な所与性のまま受け入れ、古代宗教が犠牲を供して宗教的義務をはたすのと対照的に、歴史宗教は、人間が現実の根本構造を理解し、救済にむかって積極的に努力することを求める。

宗教集団の独自性と革新性

仏教における出家やキリスト教の修道会を想定すれば容易にわかるように、歴史宗教における宗教生活の理想は、現世からの分離という傾向をとる。篤信のものは、膨大な規則と義務に従わなければならないのであって、このことによって通常の世俗人から区別される。その宗教組織は、原始宗教や古代宗教の組織が社会組織と一致していたのと対照的に、社会から分化した宗教集団を形成する。政治的な制度と宗教的な制度の二つの独立した制度が独立に階層化される。

自然の領域を超えた超越的な領域が実体化するとともに、現世を超越する領域に関係する知識を独占すると主張する宗教エリートが発生する。そうすると、それ以前の宗教では可能であった神であることを主張する王が、宗教的指導力を独占することは、不可能になる。政治的エリートと宗教的エリートの分化が進むばかりでなく、大衆のレベルでも分化がおこり、信者であることと臣民ないし国民であることとが区別されることになる。

宗教的エリートの発生は、新しい社会的緊張と変化の可能性をもたらす。イスラエルの預言者と国王、イスラム教のウラマーとスルターン、キリスト教の教皇と皇帝、また儒者と帝王などのあいだに緊張関係が発生し、宗教的エリートと政治的エリートとの対決をみた。そこには、政治的な権威を有する者が、戦争や処罰などをふくむ政治的行為を究極的に統制することのできない、新しい状況がうまれる。

このような対決がどれほど大きな社会的影響力を持つかは、宗教集団がどれほど構造的に独立できているか、政治構造がどれほど安定しているかによる。現世拒否の観念を有する宗教の発生は、すべての社会にこの新しい緊張関係を生みだした。キリスト教、仏教、イスラム教などの世界宗教ないし歴史宗教は、人類市場に多くの叛乱や改革運動のイデオロギーと社会的凝集力を提供し、社会変動へのダイナミックな役割と目的を与えることになった。

現世拒否の宗教の発生は、人々の持っていたこの世とあの世との観念にラディカルな変化をもたらした。宗教的世界観のひろがりは、部族や民族、あるいは国家の空間の範囲を超え、時間的には、人々の生命ばかりでなく、この世の終わりが説かれることによって、この世の組織の命の範囲を超えた。しかし、この世の価値を否定し、あの世の至福を説く教えは、一方では、この世にそむく生活様式をうみだすが、一方では、あの世のヴィジョンをもとに、この世を改革しようとするエネルギーに転化するのである。

参考文献
ロバート・N・ベラー『社会改革と宗教倫理』(河合秀和訳)未来社、一九七三年
益田勝美『火山列島の思想』筑摩書房、一九六八年

ミルチア・エリアーデ『宗教学と芸術』（中村恭子訳）せりか書房、一九七五年
柳川啓一『宗教学とは何か』法蔵館、一九八九年
中村廣治郎『イスラム』東京大学出版会、一九七七年

8 超越性

宗教的な世界は、超越性をその原理とし、超越的なものによって支配されているとの前提に立つ。宗教的な世界は、一定の集団を構成し、その集団によって維持され、その集団を律する法が行われる。そして、宗教的な世界とこの世の世界とのかかわり方には、いくつかの類型が認められる。

宗教集団

宗教活動は、宗教を信じる人々と超越的なもの、聖なるものとのコミュニケーションである。宗教活動は、会堂での礼拝のように集合的に行われる場合はもとより、密室での祈りのように個人が単独で行われる場合でも、宗教的な儀礼、手順、信念、心情などは、その人が帰依する集団によって定められ、伝えられ、守られているものである。宗教活動は、宗教集団を離れては存在しない。宗教集団は、宗教および宗教活動にとっては、不可欠の要素である。

宗教集団を構成するもっとも基本的な要素は、その宗教に帰依する人々である。これらの人々が宗教集団を形成し、宗教活動を行うために必要な要素として、森岡清美は、一、理念的イデオロギー的要素、二、慣行的行為様式的要素、三、人的組織的要素、四、物的道具的要素の四つをあげている。これら四要素をより具体的にいいかえると、一、教義、二、儀式行事、三、信者、四、施設となる。宗教集団においては、人的、組織的要素が中心になるけれども、教義や儀式行事を欠いた宗教集団は、ありえない。また、何らかの物的施設や道具を持たないものもありえない。これらの要素を欠いては、宗教活動を行うことができないのであるが、宗教活動を行わない宗教集団というものは、ありえないからである。

宗教集団の内部に役割の分化が生まれ、それが地位の体系を作り出した時、この宗教集団は、組織化されたといえる。このような宗教集団を、宗教団体と呼ぶ。わが国では、宗教団体に法律上の能力を与える目的で、「宗教法人法」（一九五一年）が制定されている。宗教法人法は、宗教団体とは、「宗教の教義をひろめ、儀式行事を行い、及び信者を教化育成することを主たる目的とする」団体である、と定義している。そして、宗教団体を、一、礼拝の施設を備える神社、寺院、教会、修道院その他これらに類する団体、および二、前号に掲げる団体を包括する教派、宗派、教団、教会、修道会、司教区、その他これらに類する団体、に分かち、前者を単位団体もしくは被包括団体、後者を上位団体もしくは包括団体としている。

おおまかにいうと、宗教団体は、教祖、布教師、祈禱者などを中心として、局地的に形成される。これが、単位団体の発生である。やがて、信者の地域的な範囲が広がり、複数の単位団体が形成されてくる。これらの団体を、統合し、指揮し、調整する団体として、上位団体が形成される。これらの関係に注目すれば、それは被包括と包括との関係である。ただし、すべての団体が包括、被包括関係を維持しているわけではなく、単立の宗教法人も、僅かながらある。

単位団体は、宗教施設に依拠して活動し、儀式行事の執行や教義の宣布などの活動をするために、施設などの管理運営を中心とする財団法人的な傾向が強く、また信者の活動は、寺社や会堂を中心として、局限された地域に結び付く。上位団体は、単位団体に任せるべきでない活動と単位団体では行いえない活動を中心に行う。その中には、教義を定め、儀式行事を制定し、成員の種類と資格要件を定めることが含まれる。また、聖職者の養成、教義および儀礼の研究、出版活動、開拓伝道などもある。いわば単位団体を社員とする社団法人的な組織となる傾向がある。ただし、一般に、上位団体ないし包括法人は、単位団体ないし被包括法人が上位団体で定めた教義や儀礼から逸脱する場合には、強い統制を加えるのが普通である。

現在、わが国には、宗教法人となっている宗教団体がどのくらいあるのか。文化庁の『宗教年鑑』（平成二年版）によって見てみる。単位宗教法人は、一八万三四八二法人（そのうち単立宗教法人は五八〇〇で、大半は被包括の単位宗教法人であった）。神社本庁、天台宗、日本基督教団、天理教などのような包括宗教法人は、四一五法人（文部大臣所轄法人が三七四、都道府県知事所轄法人が四一）であった。これらを系統別に分けて見てみると、神道系は、包括法人が一五一、単位法人が八万五七七三、仏教系は、包括法人が一六八、単位法人が七万七六一五、キリスト教系は、包括法人が六七、単位法人が三八八九、諸教は、包括法人が二九、単位法人が一万六二〇五となっていた。要するに、わが国の単位宗教団体は、神道系の神社および仏教系の寺院が圧倒的に多数を占める。包括法人の中には、いわゆる既成宗教の大教団と昭和期にあらたに興った教団とが併存しているが、新興の教団の中にも、既成宗教の教宗派以上に発展しているものが、少なくない。両者の組織的特徴を一般的にいえば、前者は、聖職者中心の固い構造をとる教団となっているが、後者は、俗人布教者中心の柔構造をとっている。

日本の宗教団体は、家との結び付きが極めて強いことを第一の特徴としている。信者は、家単位で特定の単位団体に所属し、宗教団体の長の地位が世襲されるのが普通になっている。それは、仏教系の既成教団、ことに浄土真宗において顕著であるが、天理教のように明治期に伸長した教団においても、信者、教師ともに世襲的になっている。さらに、キリスト教や昭和期に伸びてきたいわゆる新興宗教教団においても、世襲化が進んでいる。また、信者組織も、地域的な横の連帯よりも、導きの親と子、先生と弟子といった、縦の関係が重視される傾向が強い。一方、一部には、宗教団体の大規模化、世界化とともに、組織の合理化を追及し、地域的な、横割の構造に組織を再編しようとする、動向も見られる。

宗教と法

宗教と法とは、密接な関係を持っている。宗教用語と法律用語には、正義、罪、責任、審き、償い、律法、法、証人、証言、契約など、多くの共通の言葉が見られる。また、宗教団体は、それぞれ、自己の生活や内部関係、あるいは外部との関係を規律する法の体系を発展させている。

宗教法は、宗教教団のあり方や信者の生活などを規制ないし規律の対象とする。宗教団体の規律の維持を目的とするとしても、宗教法は、近代的な形では区別を要する法規範と道徳規範の双方を含む場合が多い。また、その法の制定者ないし立法者が、宗教団体である場合と国家など宗教以外である場合があり、キリスト教の伝統においては、教会を規律する法が、教会によってつくられたものか、それとも国家その他によって作られたものかによって、自立的教会法と非自立的教会法とに分類されている。カトリックでは、前者を「カノン法」、後者を「国家の教会法」と呼んで、区別する。国家の教会法には、憲法の中に規定される場合、教会と国家との間の条約という形式をとる場合などがある。さきに述べたわが国の「宗教法人法」は、国家による宗教団体の規制を目的とした、国家の教会法に準じる宗教法である。

宗教法の中には、イスラム教国において見られるように、その法の規律すべき対象が宗教に限らず、一般の社会的国家的生活に及ぶ場合でも、法源が『クルアーン』や『スンナ』、『ハディース』に示された、神の律法に求められているものが含まれる。このような立場は、西欧的な近代化の流れの影響を受けて、退潮に向かうように思われていたが、近年のイスラム復興とともに、影響力を盛り返している。

仏教には、仏教徒の生活基準や仏教教団の秩序維持のための規範として、「戒律」がある。「戒」は、本来、規律を守ろうとする、自発的、主体的な、心の動きを指す。「律」は、他律的、客観的な、規範を意味する。仏教教団の生活や秩序を維持するための「戒律」は、集大成されて、「律蔵」となった。律蔵は、経蔵、論蔵とならんで、「三蔵《さんぞう》」の一つを構成し、仏教経典の中で主要な地位を占めている。

ユダヤ教、キリスト教、イスラム教などでは、「律法」という言葉で、宗教的戒律をあらわす。ユダヤ教では、「モーゼ五書」に神の法が掲示されている、と信じられており、モーゼ五書を総称して「律法」と呼ぶ。ユダヤ教の宗教生活は、十戒をはじめとする聖書の律法およびその解釈に基づくより詳細な規定によって微細な点にいたるまで規制される。キリスト教は、ユダヤ的律法解釈を一新して、神への愛と隣人への愛に律法の全体を集約した。イスラム教もまた、ユダヤ教となららんで律法的規律を重んじる。イスラム教国のあるものは、たとえば一九六四年のシリア暫定憲法第三条など、憲法で立法の源を、イスラム教の神学に求めることを規定しているのである。

宗教と政治

超越的な聖なる世界とこの世の俗なる世界との関係は、宗教と政治との関わりあいとなる。なかんずく、宗教団体と政治構造が相互にかかわる場合の類型は、おおむね三つに分けることができる。

第一は、政治の目的と宗教の目的が合致している場合である。それは、政治と宗教が基本的に未分化な場合である。第二は、国家統治の機能が優越して、宗教の統合機能が、国家権力によって操作される場合である。それは、政治の力が宗教に優越していて、政治が宗教の神話、伝統、教義、儀礼などを操作する場合である。第三は、宗教が、この世の価値を超越する独立の価値を主張して、この世の権威に挑戦する場合である。それは、政治世界から離れて宗教世界が独立し、国家統治の個別的、現世的、権力的なあり方に対抗して、宗教が普遍的、超越的、人道的な批判を行い、両者が対峙する場合である。

「合致型」　政治と宗教の目的の合致は、孤立した、文字のない、専業としての宗教家が分化していない社会において、もっともよくあらわれる。未開社会の分析によって宗教の社会統合力を強調し、いわゆる宗教の統合理論を作り上げた学者としては、ロバートソン・スミス、フユステル・

ド・クーランジュ、エミール・デュルケム、ウィリアム・グードなどがあげられる。

この類型の要点は、三点にまとめられる。第一に、宗教は、その信仰体系を通して、社会と個人の価値に基本的な定礎を与える。第二に、宗教は、その儀礼を通して、これらの価値の合一性をくりかえし強調する。第三に、宗教は、因果応報、完全懲悪の教えによって、人間の行為を倫理化する。かくして、政治的統治と宗教的統合の目的は、合致する。

未開社会においては、社会集団の境界と宗教圏の境界とは、同一であった。当該集団の神は、当該集団の人々の守護神であり、当該集団の神話と儀礼は、当該運命共同体の表象であった。未開社会においては、政治、宗教、経済などの組織の機能分化が行われていないのであって、宗教が宗教活動のみを目的とする特別の組織を発達させることはないし、政治が宗教を政治目的に利用するほどの権力を確立することもない。そこからは、集団の価値規範を批判し、集団の規範を超越する宗教が創唱されることはない。

政治的統治機能と宗教的統合機能との融合は、未開社会のみならず、現代社会においても観察される。たとえば、ロイド・ウォーナーは、アメリカ合衆国のメモリアル・デイの行事の凝集過程の中にその例を読み取っているし、ロバート・ベラーは、アメリカ大統領の就任演説など象徴性の高い政治行為の中に宗教的合一性への指向性を検出して、「市民宗教」という概念を構成している。これらの事例は、現代社会においても、政治的統治と宗教的統合機能との融合がありうることを示している。

「操作型」　社会の機能分化が進むと、政治と宗教は、それぞれ別の活動領域として分化してくる。このような分化が成立した社会における政治と宗教の関係類型の一つに、政治権力による宗教の操作がある。

社会統合の規範は、社会の規模が大きくなり、文化変容や社会変革が起こるにつれて、弛緩し、価値観を異にする複数の集団が、社会の中に生まれてくる。そのような状況の中で、政治的支配層が、複雑化した社会を統治するために、宗教の統合機能を意識的に操作する現象が起きてくる。

典型的には、ビザンチン帝国や帝政ロシアのカエサロ・パピスム、近世絶対主義君主の王権神授説などの例があげられる。二〇世紀になってからでも、政治権力による宗教の操作の例として、ナチス、ファシズム、国家神道などを、あげることができる。

アドルフ・ヒトラー（一八八九～一九四五）のナチスは、その達成目標を、個人を超えた民族を生の根本だとする世界観に基づく革新運動の展開に設定していた。ナチスは、宗教を否定しなかっただけでなく、宗教的信仰を道徳的世界観の基礎と見なして、ゲルマン的キリスト教の名のもとに、種族の生命と民族の栄光を主神とする、新宗教を創設しようとしたのである。

ナチスは、政権をとってから半年後の一九三三年七月に、ローマ教皇庁との間に、政教条約を結んだ。しかし、ナチスの宗教政策は、キリスト教を、特殊な種族ないし民族の優位性の世界観を正統化するための手段として操作しようとするものであった。

したがって、ナチスの唱えたゲルマン的キリスト教は、イエスの普遍的、超越的な福音とは、本質的に、相容れず、本来のキリスト教信仰を守ろうとする人々には、ナチスの主張は、到底受け入れ難いものであった。かくして、『教会教義学』の著者カール・バルト（一八八六〜一九六八）や告白教会の牧師マルティンおよびヴィルヘルム・ニーメラーらの、信仰の立場からする、ナチス政府に抵抗する運動が起きたのである。

イタリアのファシズムもまた、功利的な目論見をもって、宗教に接近した。ベニート・ムッソリーニ（一八八三〜一九四五）は、一九二二年一〇月の政権奪取に先立一九二一年の演説で、ヴァチカンへの物質的援助を約束し、全世界におけるカトリシズムの発展は、イタリア人の利益と誇りであると述べていた。ファシスト政権は、一九二九年には、ヴァチカンとの間にラテラノ条約を締結して、小学校における宗教教育の必修と教室における十字架の設置を義務付け、司祭の生活費補助金を増額し、軍隊付司祭の制度を復活するなどの措置を実施した。

こうした政策実施の結果、ファシスト政権とカトリック教会との関係は、極めて円滑になった。一九三五年に、イタリア・エチオピア戦争が勃発した際にも、イタリアのカトリック教徒は、政府を全面的に支持する態度を示したのである。

日本の国家神道は、軍国主義と超国家主義の煽揚のために、政府が神道を操作して作り上げた疑似宗教であった。バシル・ホール・チェンバレン（一八五〇〜一九三五）の『新しい宗教の創造』（一九一二年）は、「一八八八年頃以前には、統治者と被統治者を含むすべての日本人は、欧米の理念を輸入することに夢中になっていて、古い伝統的なものは、みんな軽蔑していた。アメリカ民主主義の理念も、ある程度、理解された範囲に於て導入されて、民主的な気風が生まれてきた。国土への愛は、外国のモデルの前に卑下し、平伏していた」が、このような「国内の何とも御し難い駿馬を御さなければならない」という新しい課題の発生に直面して「古めかしい故事来歴を誇りとする国学者の説に支えられて天皇を担ぎ出し、その操作の補強手段として、原始的な自然崇拝のカルトで長らく信用を失っていた神道を収納庫から引っ張りだして、塵払いをした」と述べている。チェンバレンは、国家神道は、「日清、日露の両戦争の戦利品を神社に置く事によって、強い国家の象徴的表現を与え、学校制度を通してそういうものを児童、生徒に見させたり、天皇の肖像写真を拝ませたりすることによって、政治権力が宗教的シンボリズムを政治目標の達成のために操作する」政治家と官僚によって作られつつある新しい宗教だと断定したのである。

昭和初期にいたると、国家神道は、一段と独善排他的な精神主義を展開した。その代表的イデオローグ大川周明は、資本主義と社会主義とは、物質的富の所有を少数の資本家階級に与えるか、多数の労働者階級の間に分与するかの違いがあるが、いずれも人間の幸福を物質的な享楽に置き、人間の目的を物をより多く所有することに置く物質主義であるとして排除し、精神主義のみが問題の根本的解決をもたらすと主張した。

このような主張は、ナチスやファシズムと酷似していた。ナチス、ファシズム、国家神道が、物質主義に反対して高唱した理想主義や精神主義は、政治が、大衆の目を社会の根本的矛盾からそらし、現実の社会変革の代わりに、考え方だけで間に合わそうとする大衆操作の方便にほかならなかった。

「挑戦型」　国家統治と宗教の関係の第三の類型は、宗教的理想の政治権力に対する挑戦である。普遍宗教は、この世の論理とは違う独自の論理によって、正統性を主張する。普遍宗教は、本質的に、教権と政権との格闘の場を形成する必然性を内包している。

普遍宗教の政治批判は、暴力に訴えるほどに積極的な形態をとる場合と、きわめて内向的な形態をとる場合がある。これらを、マックス・ウェーバーは、理念型として、ピューリタニズムおよび神秘主義と呼んだ。前者の例としては、イスラム教の聖戦やキリスト教の十字軍などがあげられようし、後者の例としては、クェーカーやメノナイトあるいはガンディーの無抵抗主義などにみられるような、政治権力の戦争参加への要求の拒否などがあげられよう。

しかし普遍宗教の政治批判は、必ずしも所期の成果を達成するものではない。ピューリタニズムの運動は、本来超越的な価値を現世的な価値に優先する信仰に基づいて出発していても、職業的宗教家の業務としての世俗的政治運動に転化しやすい。神秘主義の限界は、たとえ神秘家が超越的な価値の自己実現を達成できたとしても、神秘家として脱俗できる人の数は社会の少数者にとどまらざるをえないので、政治権力の恣意によって大多数の人々が蒙るこの世の被害を解決する作用は持ち難い。そのような限界のために、宗教の政治批判は、この世の矛盾を解決するための闘いをその他の問題に転化するにすぎないという非難を受けることもある。

翻って考えてみると、国家統治と宗教の関係に関しては、宗教の社会的統合機能に関する研究および政治による宗教の操作に関する研究は、多い。しかし、宗教の挑戦的機能ないしその政治批判の機能については、十分な研究がなされてきたとはいえない。

世界宗教の普遍的な要素とその政治批判の機能は、近代における主権国家の政治的統制力の強化にもかかわらず、そのもっとも根源的な規制力であり続けた。宗教の国家統治に対する永遠の挑戦は、両者の基本類型の中で、もっとも重要だという見方が、可能である。

参考文献
森岡清美『真宗教団と「家」制度』創文社、一九六二年
相沢久『現代国家における宗教と政治』勁草書房、一九六六年
井上恵行『宗教法人法の基礎的研究』第一書房、一九六九年
阿部美哉『政教分離』サイマル出版会、一九八九年
John Milton Yinger, *The Scientific Study of Religion*, N.Y.: Macmillan, 1970

9 神々

神ないし神々は、宗教の世界を研究するさいには、中心的な主題の一つである。神々は、神話、儀礼に登場するばかりでなく、宗教的な世界の中核的な構成要素であり、宗教経験におけるもっとも重要な類型として検討すべき概念である。

神々の類型

神話や儀礼と同じように、神々は、どのような内容を持つこともできる宗教形態の一つである。神々という言葉の語彙上の曖昧さをまず認めなければならないが、まず神々を類型化するこころみの中から、この言葉を理解する手がかりが求められる。

哲学的潤色を排した本来の宗教的な神の概念については、田丸徳善によれば、ほぼ三つの用法を識別することができるという。一、もっとも広く解した場合、神は、宗教的な行動の中で対象となるものすべてをふくむ。この用法では、宗教は、定義上、すべて神の観念なしには成り立たず、したがって有神論であることになる。このような神の概念は、まったく無意味ではないにしても、広過ぎて正確さを欠くから、宗教学的な述語としては、あまり用いられない。二、第二の用法は、宗教的な対象の中で、さらに人格的と非人格的、あるいは形態的と非形態的との二種を区別し、とくにマナに代表されるような、流動的な力、呪力の観念としての後者の系列とは異なる。前者の系列を神と称する。三、神のもっとも狭い用法は、形態的な存在者の観念の中でも、デーモン（霊鬼）や精霊と区別されて、すぐれて人格性を持ち、個性のはっきりしたもののみを神とするものである、というのである。

田丸は、ギュスタフ・メンシング（一九〇一～七八）や岸本英夫が、神を、厳密な意味での、形態的で、身体ないし心性に関して擬人的であって、固有名詞をもって超人的であるものに限定したことを指摘しつつ、こうした概念上の区別は、現実には適用し難い事が多い、ことを認める。田丸は、神ないし神霊の観念を、一般的な聖の体験の実現と見るか、逆にそれを宗教の本質的な特徴とみるかは、方法論と関連している、といい、前者は、宗教現象学的な方法により、共通の構造の理解を目指すが、後者は、事実そのものを重視しようとする歴史主義的、ないし実証的な傾向が強い、と観察する。

一方、薗田稔は、日本の神々は、恵まれた風土と一体の神性であり、神々は、自然や人間の中に潜んでいる、と考える。薗田によれば、日本の神々は、古来、知的にその存在を問われない。人々にとって、神はあるかもしれないが、あらぬかもしれないのであって、肝心なのは、心身を清浄にして、ひたすら神の現れを待つことだ、と主張する。

神観念は、宗教思想の一つの主要な要素である。一面からみれば、神観念は、宗教意識の独自の法則に基づく。また別の面からみれば、神観念は、その担い手の具体的な生活ないし文化様式との関連において現れる。巨視的にみれば、動物形態的な神観念が狩猟文化と、穀物起源や生・死の起源としての神の観念が農耕的文化と、また宇宙論的な創造と関連し、高度に擬人化された神の観念が高文化と深い結び付きを持つのである。

神々と宗教の世界

神々は、人々の世界とともにある。ある神が、本当に信仰されるのはどの範囲か。古代セム人の宗教において、「バール」は、ある家の「主人」、野原の「持ち主」、「亭主」という単語であって、何らかの場ないし地方を所有する神を意味した。古代世界においては、聖職者は、慣習的に、神々一般に仕える聖職者ではなく、特定の場の特定の神に仕える聖職者であった。神々は、その都（ポリス）を持ち、それを全面的な影響力のもとにおいた。

神々は、たんなる幻想の象徴ではない。ある世界が、究極的に、天からくるもの、動物あるいは植物からくるもの、部族あるいは政治秩序からくるもの、あるいは儀礼の純粋性からくるものに依拠しているならば、その神々は、これらの接点で、これらの範疇によって育まれる。伝統的な中国のような家族関係と社会階級によって強く基礎づけられた社会においては、先祖、長老および皇帝が、神々と同じ尊敬を受けている。専制的な組織を嫌う世界には、神々は、救世主、救済者、内なる導きなどとして現れる。

神々は、聖なる場にその位置を占める。山、川、植物、火などの神々があり、炉辺、村、部族、国、そして人類の神々があり、盗人、商人、鍛冶屋、隠者、聖職者、そして神秘家の神々などがある。時間の神々、木を集めるための神々、木を切るための神々、木を燃やすための神々もある。長命のための神々、子供を守る神々、健康の神々、成功の神々もある。死、不幸、病気の神々もある。「親」と呼ばれる神々もある。太陽の神や心の内の光りである神もある。神々は、成功と破滅、生と死の究極的な接点である。

神々と諸力の領域とは、専門化して結び付く。たとえば、ローマには、穀物の成長のさまざまな段階にこまかく対応した、多数の農業の神々がいた。種蒔きの女神セイア、地面の上に出てきた芽の神セゲスタ、茎の部分を形作るソドウス、実のまわりを保護する鞘の神ヴォルテナ、後でこの鞘をどける神パテラナ、熟成の諸段階の世話を行うラクトゥルヌスとマツタ、植物の花を咲かせるフロラなどである。これらの神々は、個々の生命のプロセスによって与えられた名称であり、このような名称には、限りがない。ローマの人々にとって、これらの神々は、人々の勝手な理論から作られた紛《まが》い物の神々ではなく、生き生きとした実在であったのである。

ローマ・カトリック教会の伝統にも、聖者崇拝のかたちで、多神教的な装いが引き継がれている。フランスのヴォウズでは、家畜の擁護者として、痛風、歯痛、火傷など、あらゆる病気からの守護者として（たとえば聖アウグスチヌスはいぼの守護者であった）、四〇人の聖人が別々に呼びかけられる。アジアでも、さまざまな土着の精霊が仏教の聖者たちに結び付けられている。

神々は、特定の共同体の守護神である。諸々の伝統的な文化では、重要な共同体は、それぞれその集団の、何らかの、聖なる精霊を持っていた。四〇〇あまりのオーストラリア原住民の部族はそれぞれに、特定の動物か植物によって象徴される固有のトーテムを持っていた。バリ島の村は、それぞれ龍のマスクの形をした、超自然的な主宰守護神、バロンを持っていた。ラテン・アメリカの村は、それぞれがその固有の聖者を持っている。多くの社会では、家の精霊や祖先が家の中を治めている。日本の氏神には、柳田国男によれば、村氏神、屋敷氏神、一門氏神という三つの型がある。村氏神とは、一定の地域内に住む者が、全部氏子としてその祭りに参加している氏神社で、もっとも広く分布しており、村ごとの神社がこれにあたる。屋敷氏神は、農民の住宅地の一隅に祭られている祠である。この型の祠が分布する地域では、本来、産土神《うぶすながみ》と氏神とは同じものであるけれども、村の社は氏神とは呼ばれず、産土神、鎮守神などと呼ばれる。一門氏神は、もっと古くからあったと思われる氏神で、村内の重要な家々が、一年神主をつとめる村氏神の頭屋《とうや》制に対して、年々の祭主が一定している常頭屋制ないし一軒頭屋制を特徴としている。

これらの事例は、神々の存在の領域と性質がいかに複雑なものであるか、を示している。多くの宗教の世界が、神に言及している。神は、聖書の伝統では、創造者、王、主など、世界を治める力の神権的なイメージが中心である。ヒンズー教の神は、本体論的な比喩が支配的である。ブラフマンの通称は、あるもの、意識、喜び、であり、シヴァとシャクティは、意識とエネルギーの永遠の結合、すなわち、存在そのものである。

神々の宗教的意義は、ただ各々の神々の領域を示したり、比較するだけでは、はかり知れない。神々の生命は、人々が神々と相互に働きかける具体的なやり方を検証することによって、よりよく理解できる。一四世紀の神秘家、マイスター・エックハルト（一二六〇頃～一三二七）が述べたように、それによって人々が神をみる目は、それによって神がわれわれを見る目と、同じ目なのである。人々と神々との相互の働きかけは、二つの主要な類型にあてはめて理解を進めることができる。第一は、人々がこの関係の受け手として自己を経験するやり方、第二は、人々がこの関係において、能動的な働き手であるようなやり方である。

神々をむかえる

一個の神は、すぐれてむかえられるものである。このことは、経験的存在のかなたの存在の感覚、ないし強力な他者に出会う感覚、人間が自己よりも驚異的に大きな実在あるいは存在に出会う感覚、ルドルフ・オットーの命名によるヌミノーゼの感覚と結び付いている。ヌミノーゼという、より大きな存在と通常の人間の存在との対比の感覚は、劇的であり、畏怖、驚嘆、恍惚を引き起こす。オットーその他多くの宗教史家は、この聖なるものの感覚が、宗教の源泉である、と提唱した。

ヌミノーゼは、人々がむかえるものである。それは、特定の文化の形式を道筋として通ってやってくる。個々の宗教体系は、超越的なものとの相互の働きかけが起こるであろう接点を予期している。ある人々にとっては、これらの接点は、幻想と夢である。多くの宗教は、幻想や幻聴によって始まっている。モーゼは、シナイ山で、主ヤハウェを見、そしてヘブライの預言者は、「主の声」が彼らの上に来たことを感じた。キリスト教の使徒たちは、復活のキリストの出現を恍惚の中で見た。またある人々にとっては、これらの接点は、儀礼的に引き起こされた憑依《ひょうい》の状態だとか、回心の体験だとか、教会の礼拝式だとか、聖餐式だとか、信仰治療だとか、病気との出会いだとか、占いだとか、自然との融合だとか、黙想だとか、一人での祈りだとか、などである。ヌミノーゼの経験は、どれ一つとして人々が求めて得られたものではない。

超自然的なものの存在は、ある人々に在っては、遺品とか聖像など、聖なる物体において、強く受け止められる。聖なるイメージを「見ること」は、ヒンズー教徒の礼拝では、中心的である。ローマ・カトリックやギリシャ正教のキリスト教徒は、聖餐式の儀礼における神の存在に焦点をあわせる。そこでの聖化されたパンと葡萄酒は、キリストの肉と血に転換されており、パンと葡萄酒は、単なる象徴ではなく、神聖なるものの存在である。さらに、神聖なるものと関連するどのようなものでも、神の存在そのものと同一の効果を持ちうる。

わが国の神々の顕現《けんげん》について、薗田は、「神々は、神聖な祭の夜に出現する。昼が人々の生活のときだとすれば、夜は神話と夢のときである。覚めての夢が神話となる。昼間の歴史が停止して、夜の神話が夢のようによみがえるのだ」と述べている。そして、ふだん夜に休息する人々は、祭の夜は眠らずに、身を謹んで神々の来臨をまつ。特別の夜をさだめ、社殿で謹慎して神の来臨をおごそかに迎える。祭は、「夕みけ」にはじまり、降臨した神々に徹宵《てっしょう》して仕え、明けがたに「朝みけ」を供して神事を終わる。古い社の祭では、神の来臨を「みあれ（御生れ）」といい、祭において神々の生命がよみがえるのだ、という。

神々は、人々にゆるしとともに、権利を授ける。神々は、その信徒たちに、それなくては克服し難い不均衡に対抗できるような力と、自らの「生命」の一部を分かち与える。救いは、人間が達成するものではなくて、神のくださる恩寵だという言い方は、主要なキリスト教のすべてにおいて、中心的である。神々は、むかえられるものであり、神々の恩恵は、与えられるものなのである。

神々につかえる

神々に人々がこたえることの基本は、仕えまつることである。それが、マツリとなる。祭は、薗田によれば、マツル、マツラフの名詞形である。さらに複合してタテマツル（奉る）、ツカヘマツル（仕奉る）ともなる。これらは、いずれも、上位の者に、謹んで奉仕することを意味している。語根のマツは、ミコト（御言、神言）の現れるまで、祭る者が待つ心を指している。神の御言葉は、神の真実であり、神の顕現であった。

神々に対する人間の応答は、類型的に現れる。人々が、ヌミノーゼにかかわるときには、特別のやり方がある。そして、これらの行為には、長期にわたる神との関係と、上なるものが特定のやり方を命じる短期の機会との二つの類型がある。

長期の関係は、奉仕と態度の主題によって特徴付けられる、忠誠、献身、および仁義（コミットメント）の世界である。奉仕の様相の第一は、忠誠または服従である。神々は、神々が体現する世界の「主」である。神々は、権威を持ち、人々の忠誠と服従を求める。神々は、世界とその倫理的秩序を保証し、保護する。神々は、その権威の積極面を義務として表現するとともに、その消極面を禁制および制裁として表現する。宗教的忠誠には、文化による違いがあり、その社会的形態にも、違いがある。特定の集団において要求される忠誠の様態は、その集団の神々の観念に反映されている。

伝統的な一神教は、王と臣下の関係のイメージを反映している。一神教の聖典と礼拝は、忠順と服従を本源的な主題とし、神に対する反逆を最大の罪としている。棄教者は、反逆者であって、ここでは、封建社会におけるような、共同責任が求められていた。しかし、人々が、従順に奉仕しさえすれば、主人は、彼を保護する。人々が彼らの世界を支えれば、彼らの世界は、彼らを支える。

神々に仕えることは、単なる服従に限られるものではない。神々に仕えるやり方は、まことに多様である。神々は、その性格にあうように仕えられ、信者は、彼らの神々の性格をまね、あるいは分け持つように務める。人々は、智慧を通して智慧の神に仕え、愛を通して愛の神に仕え、慈しみを通して慈しみの神に仕える。誤った支配者に挑戦する神、奴隷を解放する神、あるいは「孤児や寡婦や貧者や賤民《せんみん》」をいたわる神は、社会のいたわりを通して、仕えられる。

人々と神々とのかかわりあいが演じられる形式には、ペイドンによると、（一）請願、（二）贖罪《しょくざい》、（三）献納、（四）祭典、および（五）占託が識別できる。これらは、神々に対して、人々が、頼むこと、浄化すること、与えること、称えること、および尋ねること、を示している。

請願は、祈りの行為となる。人々は、ものごとを必要とし、希望するが、自分で取得できないものは、より高い、他の力に助けを求めなければならない。人々は、人生の成功は、人間の自我と理性の制御の外にあること、自分たちがより高い力に依存していること、自分たちの幸福はより高い力の手中にあることを認める。人々は、導きと支えを受けるために、そして壊滅的な結果を避けるために、神々にアプローチする。多くの信者にとって、祈りは、人生を支える方法であって、祈りなしに人生を生きることは、できない。

神々にものごとを頼む方法には、あらゆる種類のものがあり、それぞれの宗教体系が、反省、追従、立願、和解、瞑想など、頼みを効果的にするための固有のプロトコルを持っている。祈りの言葉は、頼むことばかりでなく、求め、願い、語りかけ、和らげることなどを含んでいる。請願は、儀礼、祈り、あるいは禁欲などさまざまな形をとる。神々は、さまざまな期待値と基準によって、信者の誠意を決定する。

贖罪は、浄化の類型をとる。人々は、神々の天罰を避け、神々の恩恵を受けるために、神々を汚すものを積極的に取り除かなければならない。人々は、何か誤ったことをしたときには、償いをしなくてはならない。何かを求める時にはそれにふさわしいように、目標を妨げるかもしれない不浄を自分から取り除かなければならない。

献納は、捧げることである。神の特徴にしたがって、人々は、仕え、頼み、償うのと同じように、捧げる。神々に対する献納のあるものは、地権の延長に必要な年貢もしくは租税のような、物質的な献納であるが、さらに人々は、救済との引換えに、神々に対する全面的な忠誠と道徳的生活を捧げる。献納には、互恵性がある。献納は、与えることの循環運動を開始させる。与え手と受け手は、献納の統合的な特徴において結合している。人々が、より多く神々に与えると、神々は、より多く人々に与える。人々は、より多く受けとると、より多く返さなければならないのである。

供犠と献納が効果的であるためには、供犠や献納は、常に、自分自身の持ち物か、自分自身の一部を含んでいなければならない。動物を犠牲に捧げる時には、それは野生の動物ではなく、家畜でなければならない。宗教的な献納の論理においては、食物や動物を犠牲にすることから、自己の所有物、すすんで自分自身を犠牲にすることは、ごく自然な一歩である。

祭典は、神々から受けた祝福への人々の応答である。これはまた、収穫感謝、礼拝、および称賛など、数え切れない程多くの文化的な様式で表現されている。神々は、威儀を整えた落ち着きによって表敬されることもあるが、華麗な歌や踊りによって表敬されることもある。

占託を意味するラテン語の（「神々しい」とか「神々の」という意味のディヴスに由来する）ディヴィナチオという単語は、この世のものが神々の活動を見るために、これらのものを「読む」行為を意味した。占託は、神々の行動は、自然の一定の類型を精査し、未来の前兆としてそれらを解釈することによって、解読することができる、という前提にたっていた。古代ローマの卜占官《ぼくせん》は、このような予兆的なしるしを求めて、天空を見た。占いでは、しばしば縁起のよい時間とのめぐり合わせが大切になる。高官が、戦争開始のための正しい日を決めるために、占い師に相談することもあれば、結婚式の日を、星占いで決めることもある。神の「意志」を見つけようとして、無作意に聖書を開くという行為や、どちらにするかを決めるのに硬貨を投げるというまったく世俗的な行為も、占いの原則の応用である。

神々は、考えられる限りの内容と広がりを持っている、宗教現象の一形態である。この現象の経験的な豊さと多様性は、しばしば神々が現実にどのように経験されているかという観点から神々を見るよりも、神々を理想的に信じられているものとしてとらえる、神学的、観念論的なアプローチによって曖昧化されている。しかし、経験的な見方で神々とその信者たちを観察することによって、宗教史を理解し、解釈するための概念枠を新たに構成することができるようになる。神々が何であるのか、何でないのかは、究極的にわからないとしても、神々は、人間の経験に、「他者」として、また原初から与えられたものとして現れる。神々とその世界は、もっとも驚嘆すべき創造のわざに含まれている。

参考文献

ルドルフ・オットー『聖なるもの』(山谷省吾訳) 岩波文庫、一九六八年
柳田国男「氏神と氏子」、『定本柳田国男集』第一一巻、筑摩書房、一九六三年
ウィリアム・ペイドン『比較宗教学』(阿部美哉訳) 東京大学出版会、一九九三年
田丸徳善「神」、堀一郎、小口偉一編『宗教学辞典』東京大学出版会、一九七三年
薗田稔「祭りの宗教―神道」、上田閑照・柳川啓一編『宗教学のすすめ』筑摩書房、一九八五年

10 浄化

宗教は、聖なるものにふさわしいものと、ふさわしくないものとを区別する。浄い、聖なるものを象徴する神々は、浄くない汚れ、聖なるものに適切でないものや人、行いなどを峻拒する。浄化は、宗教体系がこれら聖なるものに対して否定的な要素を取り除くためのさまざまなやり方である。それは、敬虔、高潔、清浄などの諸相を宗教現象にもたらすダイナミックな観念と行動を含んでいる。

清浄と不浄

「清浄」と「不浄」の概念は、近代の比較宗教学において、重要な展開をとげたものの一つである。フレイザーその他、初期の合理主義者たちは、原初の人間は、タブーに囲まれた迷信の世界に住んでいて、危険なものと聖なるものとを区別できなかったと臆断した。しかし、近年の分析は、この問題をもっと現象学的な見地から扱っている。たとえば、メアリー・ダグラスは、未開の文化秩序と現代の文化秩序のシステムを差別することなく、どのようなシステムの中にでも、それなりに汚染と危険が含まれている、とみなし、物事の序列があるところには、どこであっても、清浄と不浄があり、どこであっても、清浄と不浄があるところには、必ず物事の序列が潜んでいる、と述べている。

辞書的にいえば、清浄とは、不浄なものと混じり合ったり、接触したりしない／異質的な、もしくは汚染するようなものを含まない、という意味である。清浄性は、混じっていない状態という以外にはいかなる内在的な意味をも持たない。清浄性の観念は、ある体系の中に、否定的な、あるいは破壊的な要素が欠けていることを示す。清浄性は、宗教行為と高潔、孤高、節操、および一貫性とを結び付け、その宗教体系の目標に合致する行動と合致しない行動とを区別する。ある行動は、聖なるものの地位を高め、他のある行動は、それをおとしめ、もしくは否認する。

清浄性は、不浄性との緊張のもとに、存在する。清浄なるものが、不浄なるものの不在であるように、不浄なるものは、清浄なるものの不在である。清浄と不浄の区別は、宗教経験の全ての次元に該当する。清浄性は、身体の養生や儀礼の行為にとって重要であるだけでなく、精神の知的鍛練にとっても重要である。

モーゼの食事に関する掟においては、いくつかの種類の動物が、忌むべき、不浄なものとされ、その他のものは、清浄だとされている。忌むべき、不浄な動物とは、身体の何らかの特徴が、神の定められた動物分類の自然秩序に反するものである。ヘブライ人の牧人にとっては、正しい有蹄類とは、食物を反芻するとともに割れた蹄を持つ種であった。しかるに、豚、あなぐま、野兎などは、いずれも、これらの特徴のいずれか一方しか持っていない。これらの動物は、もう一方の特徴を欠いているから、清浄性の基準に合致せず、したがって聖なるものではないのである。このような動物は、神が分かち、定められたものを、混乱させるのであるから、不浄である。完全な身体的特徴を備えた種こそが、聖化された共同体としてのイスラエルが必要とする清浄性を象徴する。神自身がイスラエル人たちをその他の人々から区別したように、主は、主の民が清浄なるものと不浄なるものとを分かつように命じておられると理解されるのである。

部外者にとっては、宗教のさまざまな掟の細かな特質は、瑣末なことのように思われる。しかし、参加者にとっては、どんなに小さな定めでも、個々の区別は、存在の象徴的統一を表している。たとえば、イスラムのラマダンの断食規則は、その行為を有効にし、もしくは無効にするありとあらゆる状況を考慮に入れ、曖昧になりそうな、微細な点に入り込む。たとえば、断食をしようとする人は、朝の祈りのよびかけ、アザンの前に歯を磨く必要はないのだが、もし彼が歯を磨かないで、歯の間にあった食べ物を飲み込み、その一部がその日のうちに胃の方に行くのを彼が知った場合には、彼の断食は、無効になる。たとえ、それが胃の方に行かなかった場合でも、念のために、もう一日予備の断食日を行うべきである、とされる。このような、きまりには、個人の慎重な、訓練された態度という、大きな原則がかかっている。断食を有効にするのは、この態度なのである。食物摂取の瑣末への注意は、意識的な生活を守るかどうかというシステム全体への適応の課題にほかならない。

聖と俗という言葉は、儀式の文脈で発生した。そこでは、聖なる事物は、それらが聖なるものとして取り扱われるのでないと、聖なるものにならない。キリスト教の聖餐式における聖別されたキリストの肉の象徴であるパンなど、聖なるものの存在が強力に集約しているところでは、それらへの接近が制御され、それがおとしめられることのないようにする、諸々のものによって取り巻かれている。清浄なるものでなければ、清浄なるものに近づいてはならないのである。

もし、聖なるものが、外在的でなく、内在的な状態だったら、どうなるか。世界宗教は、すべて、人間の自我の不純性を説いている。伝統的なキリスト教では、個人は、罪の状態の中に生まれる。上座部《じょうざぶ》仏教においては、原初の人間の状態は無知と利己主義に固まっていた。解脱のためには、ブッダの教えが是非とも必要だったとされるのと同様に、キリスト教徒は、神の恩寵がなければ、罪人なのである。したがって、個人は聖なるものと俗なるものとの戦いの場になる。清浄と不浄との対立は、人生のさまざまな領域に出現する。聖なるものが出現するところには、そこには同時に、俗なるものの挑戦が見いだされる。

西洋と東洋における清浄観念

清浄性という観念は、諸宗教において、さまざまな形でされてきた。個々の宗教が、それぞれそれ自身の清浄性の多様な次元と可能性を展開しているのである。どの宗教も、本当の敬虔は何か、何が本当の敬虔ではないのか、何が許されるのか、許されないのは何か、などについて、長い議論を続け、対立や分裂を経験し、教派やセクトを形成してきた。

聖書の宗教も、例外ではない。たとえば『モーゼの法』は、犠牲の事物、食物にしてもよいもの、身体の秘匿部、性交渉、皮膚病、その他の身体的欠陥など、不浄の行為や事物の詳細な分類に係わっている。『モーゼの法』はまた、浄化のための処方箋を掲げている。その中には、祭壇に「汚穢《おわい》のない」牛の血を浴びせるとか、撒くというものもあった。さらに、聖なるものについての倫理的な解釈が現れ、預言者たちは、清浄性の理念を、捧げものを燃やしたり、穀物を用いたりするやり方にばかりでなく、正義、公正、「心の清浄性」などに当てはめた。

イエスは、空虚で外的な形式的順守と「真の」内的な正義とを対比する。「なんじに呪いあれ、書記とパリサイ人、偽善者たちよ」とよびかけたイエスの皮相的、外的な敬虔にたいする厳しい批判は、よく知られている。人間の罪と神の聖性に関する神話的な対照のために、キリスト教には、清浄性に関する無限の表現が生まれた。パウロは、割礼、食事に関する掟、聖日などのユダヤ教の宗教行為が、キリスト教の救済に必要かどうかを決めるという第一世代の挑戦に直面した。結論として、「新しい契約」においては、それらは必要ではなかったのである。

一六世紀におけるプロテスタントとカトリックの対立も、キリスト教における聖なるものの定義に関する、より大きな規模での対立であった。ローマ・カトリック教徒にとっては、教会は、サクラメントを配るために、神によって定められた制度であった。しかし、プロテスタントたちは、聖なるものの制度化はあまりに世俗的であるとし、聖書から直接に個人の魂に述べ伝えられた清浄な「神の言葉」への復帰を要求したのである。カトリックにおいては、聖者たちは、あの世的な聖なるものとこの世的な俗なるものを超脱したものの模範であった。しかし、宗教改革者たちは、貞潔と修道生活が、結婚状態ないしこの世の職業生活よりもより神的であるという考え方を拒否してしまった。教皇の権威、聖職者、祭壇、神秘的な遺物など、カトリックにとって聖なるものの媒体だったものは、宗教改革者たちにとっては、典型的に世俗的な、聖なるものを侮辱するものであった。宗教改革者たちによる偶像破壊の聖なる行為は、カトリックにとっては、聖なるものの冒瀆であった。プロテスタントは、躊躇することなく「呪術的な」祭壇を引き裂き、聖遺物の祭儀を廃止した。そして、カトリックは、神の定めた秩序と聖なる権威を忌まわしくも犯した者として、反則者を火刑に処するのに躊躇しなかった。それぞれの側が、この問題を、聖なるものと俗なるものとの対立という文脈で解釈した。宗教改革は、その両極性に関する異なったパラダイムをめぐる対決だったのである。

修道会の伝統は、完全に至る道として、放棄を強調した。他方、ピューリタンたちは、人間が自ら浄化することには全く無力であることを強調した。ピューリタンたちは、この世を放棄する人々ではない。ピューリタンたちは、心とこの世の間にではなく、神と自己との間に基本的な対立を見いだした。ここでは、主体性自体が、疑いの対象となる。人間は、独立には、清浄性に向かう能力を持たず、人間が行うことができるのは、その罪深さと許しの必然性を明らかにして、神の慈悲を待つことのみだ、と認識されるのである。

アジアの諸宗教には、清浄性の理念が実践された無限の組み合わせの例が認められる。ヒンズー教を象徴するキーワードは、ダルマ（法）ないし永遠のダルマである。ダルマは、この世を解きほぐす倫理的な秩序である。この世から人の魂を解放する道は、事物の秩序の一部であり、放棄の正統な目標の一つは、社会的、個人的な執着の制約と抵抗から自由になる道を追及することである。放棄者は、カースト、職業、家族を含むこの世の属性を後にして、内面的な解放に集中する。それぞれの段階において、ダルマに従わないものは、「不浄」なのである。

初期のヒンズー教の環境の中から生まれた仏教は、自己を清浄化する思索の手続きを基盤とする宗教システムを作り上げた。この新しい宗教システムにおいては、清浄性を、このシステムの目標であるニルヴァーナ（涅槃）ないしすべての欲望から根こそぎにされた状態と同一視する。欲望は、色欲、物欲、怒り、および幻想から発生する。中道《ちゅうどう》たる八正道《はっしょうどう》は、修道者がニルヴァーナを得るために、的確な思考と行動をとるべき、知識、願望、言語、行動、生活、努力、試作、瞑想の各領域を数え上げる。いかなる宗教的伝統にも、これほど体系的に心の不浄性を、分析して、記述したものはない。原始仏教においては、修道者自体が、清浄性にいたる道の生きている象徴である。信心深い俗人は、そうすることによってより十分にブッダの聖なる道に入ることができると信じて、不殺生、不妄語、不窃盗、不邪淫、不飲酒の五つの教えを守る。さらに修道者は、二二七の清浄性の定めを遵守し、儀式を通して、二週間ごとにこれを称え、告白を聞き、違反がなかったかどうかを見直す。

大乗仏教においては、新しい理想が出現した。大乗仏教の教徒たちは、ニルヴァーナとこの世の二元論は、偏狭な、究極的には「愚かな」作りごとだと考えた。仏性を体現する真の宇宙には、このような二元論はないのであって、すべての対立は、つぎめのない実在に、限りある人間の判断が押しつけたものにすぎない。仏性の領域において、真の悟道の状態は、二元論を超越する、と論じた。

禅は、空虚になることを通して自由を得るシステムである。ここには、放棄や修道生活への執着を含む、いかなる種類の執着もない。ブッダそのものも、それが執着の対象となる限り、幻想である。禅を中国にもたらした祖師、菩提達磨の肖像画は、悟を求めてこの画を「客観的に」、したがって自分を離れて、見ようとする馬鹿者を、しかめ面をしてにらみつけている。禅における真理の偉大な象徴は、あらゆる種類の幻想の不在を意味する、空なる円である。

仏教における清浄性は、意識そのものに集中している。人々は、修行、血統、あるいはカーストなどによって、仏教の聖人になることはない。解脱者は、この世の執着ばかりでなく、すべての内面的な自己の妄想との絆を断った者である。清浄性は、清らかさとか秩序とかと同化しているのではなく、しばしばニルヴァーナとか無とかという象徴に要約され、内面の自由と同化している。

浄化の方法

浄化の方法、すなわち宗教的な人々が不浄の脅威を取り扱う技術や様式は、無限に多様であるが、おおまかに取りまとめてみると、三つの典型的な類型を抽出できる。それは、第一に、不浄の忌避、第二に不浄の清浄化、そして第三に、不浄性と清浄性の超越である。

不浄の忌避　まず第一に、不浄を忌避する行動類型がある。宗教行動の多くが、不浄に対しては、防御的あるいは予防的である。領域の保全は、強い本能であって、聖なるものは、区画せられ、保護せられ、犯すことのできないものとされる。諸宗教は、特定の行動を境界の外に追放し、注意深く適切な行動と不適切な行動とを定義することによって、紛争を避けている。諸宗教は、聖書の十戒や仏教の五戒のように、信者になすべきでないことを教える、宗教法を定めている。

わが国の伝統的な民俗においては、神仏に祈願するときは、冷水や海水を浴びて垢を落とし、心身を清める。このことを「垢離《こり》かく」「垢離とる」などという。元来、神社や霊山のふもとにある河川で垢離をとるのが正式の方法だった。修験道では、祭りをおこなう前の浄めの儀礼が重要な位置を占め、「垢離、祓、除罰、触穢《しょくえ》をのぞくもの」などの儀礼を行うものとされていて、垢離についてだけでも、「手水大事」「行水大事」「垢離之大事」などが、定められていた。その背景として、修験道には、水を大日如来と考え、水をもって身体を洗浴すれば、人間が本来所有する五智の徳をあらわし、仏になることができるという、宗教的世界観があるのである。今では、水による浄化は、一般に、神社の社頭で、簡単に手水を使うだけになっている。とはいえ、この簡便化した形で不浄を忌避する行動は、全国的に、わが国民の習俗として定着している。

宗教の歴史は、汚染、恥あるいは不名誉を避けるために、人間が行う多くの行動の事例を示している。殉教者は、聖なるものが汚されるのを許容するよりは、喜んで命を捧げた。修道院は、近づき難い山の頂に隔離された、孤独の場を作った。クェーカー教徒は、いかなる人にたいしても、帽子を取って挨拶することを拒絶した。アメリカの学校の中には、子供たちが世俗的な理論や倫理に触れて汚されることにならないように、未だに進化論を教えることを禁止しているものがある。これらは、世界を閉鎖し、不浄を忌避し、防壁を構築することによって、存在を統一し、聖なるものを統合し、合一性を維持しようとする事例の類型にほかならない。

不浄の清浄化　不浄を遠ざけることと、不浄がすでに存在する時にそれをどう処理するかは、全く別である。すでに聖なる秩序を汚染してしまった不浄は、その違反の性質に見合った方法で、何としてでも除去しなければならない。不浄を除去するためのさまざまな行動の様式が、多様な宗教現象を特徴づけている。

わが国では、古来、水が、その清純性の故に、汚穢を祓うために必要なものだとされてきた。わが国の宗教的な祭祀、祈願、入信、入団などの前の祓浄儀礼においては、多く水が用いられる。伝統的な禊祓《ミソギハラエ》は、水につかって身体を祓い、清めることであって、その起源は、『古事記』および『日本書紀』に記されたところにより、イザナギが妻のイザナミを黄泉国《よみのくに》にたずね、そのために身についた汚穢を祓い、清めるために、筑紫国《つくしのくに》日向《ひむか》の橘の小戸《おど》の檍原《あわきはら》で「みそぎはらえ」をしたことに始まるとされている。

イスラム世界などで行われている秩序の基礎に挑戦する瀆聖《とくせい》行為である犯罪が、相応の恐怖と破壊を招くことを示すための、公開の拷問と処刑もまた、不浄の強制的除去の例である。宇宙秩序に対する反則の中には、絶対的に処罰されなければならない、償い得ない悪がある。犯罪の不浄性の深刻さと種類に応じて、諸々の共同体は、これを、さまざまな方法で浄化する。体罰、追放、村八分、厄払い、破門、告解、投獄、強制転居などである。共同体によって、犯罪的な不浄は、破壊され、消去され、抑制され、放棄され、遺棄され、閉じ込められる。

これら犯罪的な不浄は、共同体のシステムによって、罪人に、背負わされる。自己浄化の媒体としての個人の見地からすれば、不浄除去のための行為には、懺悔、贖罪《しょくざい》、弁償、修行、告白、独居、断食、謝罪、霊界遊行、祈りなどがある。浄化は、水、火、煙、香、血、小便、嘔吐物、牛糞、日光、雨、蒸気、氷、灰、泥、騒音、油、枝葉などを道具として行われることもある。

犠牲は、宗教行動の中でも、最も特徴的な、不浄を浄化する現象である。それは、優れて宗教的である。犠牲にすること（to sacrifice）は、文字通り、聖なるもの（sacred）にすることである。所有を放棄する行為によって、聖化され、聖なるもの、清浄なるものになるのは、犠牲を捧げる人々である。犠牲には、単なる賽銭ないし硬貨の一投から、自己犠牲ないし宗教的自殺にいたるまで、土地の神を満足させるための鶏や牛の供犠から神秘的な体験を通しての自我そのものの放棄にいたるまで、あらゆるレヴェルと種類のものが、含まれている。

清浄性と不浄性の超越　不浄を避けることおよび不浄を浄化すること以外に、不浄性に対処するもう一つのやり方がある。それは、清浄性と不浄性の二元性に関する通念を超越することである。高等な宗教の多くには、清浄性と不浄性とは、究極的には人々が作り出したものであり、対立する二つのものを受容することを含む、いわば高次の清浄性ともいうべき高次の視点がある。たとえば、仏陀の世界とか、神の世界など、真の世界は、一つの統一体とみなされている。

霊と肉、神と自然、こころとからだ、高きものと低きもの、清浄なるものと不浄なるもの、優れた社会的地位と劣った社会的地位になどに分かれている宗教的思考の弁証法においては、分裂しているものを超越しようとする試みが常に見いだされる。清浄な領域に基礎をおき、不浄な領域から離れることを重視する宗教があるが、他方には、不浄な、この世的な、もしくは混沌とした領域にかかわり、それを転換することに重点をおく宗教もある。

宗教の中には、彼らの世界を支配する有益な力と有害な力の双方に対する儀礼を遵守しているものがある。バリ島の儀礼劇では、龍の形をとる積極的な力と魔女の形をとる否定的な力との二つの超自然的な力が、永遠の力の葛藤を演じる。アフリカのレレ族は、もっとも神聖で、厳重なタブーの対象であるパンゴリン、すなわち鱗だらけの蟻食いを、もっとも荘厳な儀礼の際には、食べてしまう。メアリー・ダグラスは、レレ族のこの行為を、日常的な清浄の線を乗り越える聖と死の一種の隠された宇宙的統一を表象するものだ、としている。不浄なものや行為は、それらが通常のものや行為から隔絶しており、したがって別世界の力の一部のように見えるというまさにその理由で、超自然的なもの、あるいは聖なる価値を投入される事例は、決して少なくないのである。

聖なるものと俗なるものとの再統合は、「不浄な」この世の真ん中に生きながら、それによっておかされない、自由で、聖なるものの伝統を形成している。バガヴァッドギータは、「欲望をもたず、憎しみをもたない時には、人は欲望と憎しみの物事の中を安全に歩む」という。イエスの山上の垂訓には、「汝の頬を向けよ」との言葉が、それ自身の俗性によることなく、挑発と愚弄を受容するにたりる清浄な自己を保持することを求めている。

俗性と挑発が内面的に克服された時、彼らはすでに、外面的にも克服している。こころが鮮明で清浄なら、手が汚されるはずはない。「ある時、坦山《たんざん》（原、一八一九～九二）と奕堂《えきどう》（諸嶽《もろたけ》、一八〇五～七九）が、一緒に泥道を旅していた時、絹の着物と帯をつけた娘に出会った。坦山は、すぐに『お嬢さん、いらっしゃい』と言って、腕に彼女を抱きかかえて、泥道を渡してやった。奕堂は、その晩、彼らが泊まる寺に到着すると、何も言わなかった坦山に、『われわれ坊主は、女、ことに若くて、可愛い女には近づかない。君は、なぜああしたのだ』と言った。坦山は、『わしは、あの子をあそこに置いてきた。君はまだあの子を連れているのか』と答えた」という、逸話がある。坦山にとって、娘そのものは不浄ではなかったのであって、彼女にたいする欲望のこころが不浄だったのだ。坦山は、そのできごとに、超越していたのである。

穢れ、不浄、罪などは、古代に遡るほど、具体的、肉体的、外面的である。そして、歴史が下るほど、あるいは観念が洗練されるほど、抽象的、精神的、内面的になる。浄化の方法は、同一の宗教体系の中においても、しだいに清浄性と不浄性の超越化をすすめ、体系内における清浄性の相対化が起こる。

宗教文化の中では、聖なるものと俗なるものとの両極構造は、一様ではなく、複雑である。それは、社会的、宗教的な場と関連する。それは、場により、関連による。アルノルト・ファン＝ヘネップは、聖なる者の存在は変化しうるのであって、聖なるものは属性として絶対なのではなく、個々の状況の性質によって具体化されるという、「聖なるものの旋回」の概念を提唱している。ある社会の中でのある形態の聖なるものは、他の形態の聖なるものと衝突する。二つの聖なるものの原則が人々の忠誠を要求する。社会と個人の本来の姿は、二つの形態の間の永遠の対決であり、究極的には、二つの聖なるものの対決である。

違った諸世界の間においてばかりでなく、ある世界の中においてでも、聖なるものは、相対的である。ある時、ある段階においては、正しい、奇麗な、ふさわしいものは、別の時、別の段階においては、間違いで、汚く、ふさわしくない。不浄は、期待との相関関係にある。神秘主義者や聖職者は、在俗者よりも、もっと高い清浄性の水準を持っている。

清浄性と不浄性の類型の探求は、宗教現象の重要な領域を解明する。清浄性は、統合された、本来の世界の姿を表現するのである。

参考文献

薗田稔編『神道・日本の民族宗教』弘文堂、一九八八年
メアリー・ダグラス『汚穢と禁忌』（塚本利明訳）思潮社、一九七二年
宮家準『宗教民俗学』東京大学出版会、一九八九年
ウィリアム・ペイドン『比較宗教学』（阿部美哉訳）、東京大学出版会、一九九三年
アルノルト・ファン＝ヘネップ『通過儀礼』（綾部恒雄・裕子訳）、弘文堂、一九七七年

11 まつり

まつりは、人々があつまって、神々をまち、むかえ、つかえる敬虔な行事である。また一方、人々は、普段とはまったくことなる世界に遊ぶ。それは、神話と儀礼、聖なる空間と時間、祭儀性と祝祭性が総合的に表出される社会的な行為であり、集団的沸騰によって日常性が超克される現象である。宗教の社会的起源を観察するために、まつりは、もっとも重要な現象の一つだと考えられている。

まつりとは何か

エミール・デュルケムは、宗教の本質を解明する試みにおいて、原始未開の宗教に着目して、その研究と分析の対象とした。それは、物理学者が現象の法則を発見するために現象を単純化し、その二次的特質を排除することに努めるのと同じように、方法論上の理由からであった。そして、宗教現象のもっとも単純な原初形態を維持している未開人の諸儀礼は、消極的儀礼、積極的儀礼、贖《しょく》罪《ざい》的儀礼など類型が異なっていても、いずれも個人的情緒の自発的な表現ではなく、彼らが頼る権威であり、集団から課せられた義務であって、強制されたものであることが重要だ、と指摘した。まつりに、宗教の原形を見いだしたのは、デュルケムをもって初めとする。

デュルケムが着目したオーストラリア原住民の生活は、季節によって、二つに分けられている。一つは、乾季で、小グループに散在して、食物となる動食物を採集、狩猟する「単調で退屈な生活」である。もう一つは、雨季である。雨が降ると、魔法のように、植物は土から萌えだし、動物は繁殖し、砂漠は一変する。この時期に、人々は集まり、まつりが行われる。人々は、集まっているということだけで興奮し、大きな叫び声を上げ、夜になるとかがり火の光りのもとで、行列、舞踏、歌謡が行われ、たいまつを振りかざして模擬的な戦闘が始まる。こうした状態のもとでは、自分が自分自身ではない、新しい存在になったように思う。これを、デュルケムは、「集団的沸騰」と呼んだ。

デュルケムの観察したところでは、集合生活は、一定の強度に達すると、宗教的思考に覚醒を与える。それは、集合生活が心的活動の条件を変化させる興奮状態をもたらすからである。生命的エネルギーは、激奮し、情熱はより激しくなり、感覚はより鋭敏になる。人々は、自分で自分がわからなくなり、変形したように感じ、周囲の環境をも変形する。自分の感じるきわめて特殊な印象を説明するために、人々は、もっとも直接に関連している事物に、その事物の持たない特性、俗的経験の対象が持たない例外的な力、功徳を付与する。人々は、自らの俗的生活が推移する現実の世界の上に他のもう一つの世界を重ね合わせ、その世界に、現実の世界より高い一種の威厳を帰属させる。それは、理想の世界である。

ある理想の世界の形成は、このように、観察可能な条件に依拠しており、社会生活の自然な所産である。一つの社会は、この創造の行動によって、周期的に自らを作り、また作りかえるのであって、理想社会は、現実社会のほかにはない。理想社会は、現実社会の一部をなしている。この世界を表明するのは、社会であるから、個人においても、集団においても、このような理想化する能力は、なにも神秘的なものを持たない。それは、人々が無しで済ませるような贅沢の一種ではなくて、その生存の条件である。人々は、これを獲得しなかったとすれば、社会的存在ではない。デュルケムは、したがって、個人的礼拝の存在が、宗教の社会学的説明と矛盾するではないかという批判があったとしても、個人的礼拝の宗教力は、集合的な宗教力が個別化した形態にすぎないのであるから、そのような批判は、取るに足らないことになる、と主張した。

さて、わが国で「まつり」というとき、この言葉は、どういう意味を持っているのか。まつりは、人々が神々をまつることに間違いない。まつるとは、本来、ふだん見えぬ神々が現れるのをまつ

（待つ）意味と、出現した神々にまつらふ（奉仕する）意味とを含んでいる。そして、たてまつるということは、下位の者が、恭順し、侍座して、相手を上位に遇することをいった。わが国の言葉で、「まつる」、「たてまつる」ということは、下位にある人々が、上位にある神々を待ち、現れた神々をむかえて、奉仕することであった。

では、現実には、今日のまつりは、どうなっているのか。かつて、柳川啓一は、秩父神社の夏まつりと冬まつりの調査結果に基づいて、大略以下の四点をまつりの特徴として掲げた。

(1) まつりの担い手が町内会であること、その役員の数が異常に多いこと、神職などの宗教専門家だけでなく、まつりの主役、裏方、見物人までも含めて、組織の能率を考えることなく大勢の人々がかかわることに着目して考察すると、最大限に多数の人々が動員されること。

(2) まつりの日には、町ごとに臨時の神社の支店ともいうべき「会所」が作られること、自分の町の持つ山車に対する愛着がいかにも深いという印象、また神楽、はやし、獅子舞、人形芝居など伝統芸能があふれていることなどに着目して考察すると、伝統とのつながりを持つシンボルが動員されること。

(3) 違った場所で、違った時間にばらばらに行われているようであるが、全体は、たとえば冬まつりの場合は、秩父神社の祭神が女神で、一年に一回武甲山の男神と出会うための神幸であるという神話を持ち、これをシナリオとして演じられる複数の個別的な儀礼の複合であり、全体を通す一つのストーリーを持っているということに着目して考察すると、ドラマに類比できること。

(4) まつりのイデオロギーとして、郷土意識が強調されることに着目して考察すると、このまつりへの積極的、消極的参加は、過去とのつながり、家、地域集団とのつながりを再確認する現象になっていること。

柳川は、要するに、まつりとは、多数の人の動員、伝統的なシンボルの動員、ドラマに類比できること、つながりの再確認という四つの特徴を持つ現象だとみなした。

その後薗田稔は、柳川の説いたまつりの特徴を理論的に抽象化して、「現象学的に祭りの一般構造を仮説的に再構成して見ると」以下のように定義できる、と述べた。すなわち、「祭りとは、劇的構成のもとに祭儀(リチュアル)と祝祭(フェスティヴィティー)とが相乗的に現出する非日常的な集団の融即状況(コミュニタス)の位相において、集団の依拠する世界観が実在的に表象するものである。そして、その表象された世界像のなかで、集団はその存続の根源的意味を再確認し、成員のエトスが補強される。要すれば、祭りは集団の象徴的な再生の現象である」というのである。

ここには、柳川がまつりの四つの特徴をとらえたのと同じ秩父のまつりの実証研究を基盤としつつ、薗田がまつりの理論を構築していったあとが、読み取れる。以下、薗田の観察を参照しながら、まつりの祭儀性、祝祭性、および融即状況における象徴的な再生の面から、まつりの比較宗教学的な理解を試みよう。

祭儀性

まつりを分析するための操作概念として、薗田は、「祭儀」と「祝祭」という、互いに相反する行動志向を持つ対極的な様相をモデル化した。この考え方は、おおむねイギリスの人類学者、エドマンド・リーチ（一九一〇～八九）の称えた二つの相反する行動原理、すなわち聖別を目指す「形式性（フォーマリティー）」と瀆聖《とくせい》的な「仮装性（マスカレード）」に相当する。

たとえば、有名な秩父の夜まつりの一二月三日夜の神事は、地元の特殊神事であって、昼の公祭に対する私祭にすぎない。しかるに、地元の人々の多くは、自分たちの本当のまつりは、この夜まつりだと受け止めている。すなわち、仮装性の強い祝祭こそ自分たちのまつりだと認識しているのである。一方、地元と中央のエリートが主催する形式性の高い祭儀は、神社での公的な祭典、例大祭である。これは、一二月三日の午前中に行われ、ここには、神社本庁からの献幣使《けんぺいし》が参向するほか、地元内外の有力者が正式に参列する。

ほとんどすべてのまつりにおいて、日中には、整然たる公式の祭儀が、厳粛かつ典雅に展開する。祭儀の場面に貫かれているものは、むかえる神々への敬虔な対応である。むかえる人々は、まつりよりもずっと前から身辺を清浄に慎んで、日頃の汚れを浄化する。神々をむかえる立場に入ると、浄と不浄の二つの範疇が強く意識されて、消極的に汚れたものに近づかないという忌みの生活よりも、積極的に汚れを祓いやる斎《いわ》いの生活に入る。古いまつりでは、一般に夕やみのころからまつりが始まり朝がたにいたるまで、ふだんは休息をする夜を徹して起きていて、神を待ち、神につかえる。身を慎んで、こもるのである。

岐阜高山の黒川王祇《おうぎ》祭では、まつりの日には、町境や街の要所要所に旗や榊を立て、家々もこざっぱりと掃き清めた上で、戸口に揃いの高張提灯を立てれば、そこには聖別された世界が現れる。黒紋付きに麻裃をつけ、一文字笠に白足袋、草履と身を固めた街の大人衆が氏神の社殿に勢揃いして粛然と神霊の降臨をむかえる。

まつりの祭儀においては、薗田によれば、神々は、最高位にむかえられて、むかえる人々は、神の座の正面を上位とし、左、右の順に、また神前の近くから遠くにむかって、整然と上下の順位が示される。まつりの祭儀は、祭主以下神職によってリードされるが、神前に慎んで祭主がたてまつる祝詞は、「神ノ命（ミコト）モチテ詔（ノ）ル」のであり、まつる神主がまつられる神の御言（ミコト）さながらに発する言葉になる。詔ルとは、まつりの場での神威の発言であり、古代の政治は、まつりの場で御言を実現するまつりごとと重なった。

まつりの祭式作法は、徹底して上下の序列座標を順守し、所作身体のすべてが神聖な秩序を追及する。それは、地域社会の序列秩序をも一つ一つ儀礼的、象徴的に確認する。私に対する公、外に対する内が優先し、地方に対する中央の権威が上位に来る。家柄、年功に、経済力が支える氏子総代、貢献度や指導力が問われる町内の祭典諸役、町長や議会議長などの公共代表、団体代表など、内側の序列の上に、国会議員や県会議員などの中央の権威が客分として乗る。さらにその上位が、神聖な中央権威として神社本庁や県神社庁から派遣される遣幣使《けんぺいし》一行である。古代の伝統からいえば、朝廷が各地方の神社の祭祀に供献する形である。第二次世界大戦後、皇室祭祀から神社祭祀が分離されてしまったため、神社神道では、皇室からの献幣使を、一九四六年に宗教法人として設立された神社本庁が、いわばやむをえず、肩代わりしているのである。

まつりは、神社祭祀の場面において、国家レヴェルの神話的大宇宙を内在化した地方社会の小宇宙を復元する。そこでは、神聖な秩序が成立し、日頃あいまいな社会秩序が、建て前通りの形で表象される。

まつられる神とまつる人々とを通して貫かれる上下、貴賤の区別が、明瞭に表現される内に、神の徳が讃仰される。予め厳密に定められた所作が、地位と資格の差に応じて配分される。少数の有名性が多数の無名性を代表し、象徴的な義務が実質的な権利に優先する。神々と人々とは、厳密な隔たりを強調しつつ、交流する。神社祭祀の延長は、神幸行列に及ぶ。神霊を神輿に移して、前後を正装の諸役が警護しながら、町筋を隈なく、整然と巡幸する。祭儀の場が、神社から町筋へ拡大される。

日本の神々は、本居宣長が指摘しているように、古典に記された天地諸々の神々や、神社のさまざまな祭神はもとより、人や鳥獣、木草や海山にも感得される「尋常ならずすぐれたる徳のありて、可畏《かしこ》き物」である。神々は、どのような神であっても、人々のまつる場に、可畏き物として現れるのを待たれる。人々は、どのようなものに潜む神々であっても、人々が神々としてまつる時には、常に上位にたてまつらなければならない。人々は、儀礼によって、普段は見えない神々をまち、神々をたてまつるとともに、神々と人々の上下、貴賤の別を確実に表象する。薗田は、ここにまつりの祭儀の本旨があるとみてとるのである。

祝祭性

祭儀の特徴となる行動様式が儀礼であるのに対して、祝祭の行動様式は、反儀礼である。反儀礼は、儀礼に対置される祭の様式にほかならない。したがって、祭儀の儀礼の厳重な執行が行われてこそ、反儀礼たる祝祭の奔放な行動が活性化する。

数多くの日本の祭りを調査研究している薗田は、反儀礼ないし反秩序現象の主役は、申し合わせたように若者たちである、という。たとえば、黒川王祇祭においては、王祇祭全体の主役は、神宿の主人となる頭人《とうにん》以下の宮座《みやざ》の大人衆であり、また神事能を演じる能座の人々で、年齢階梯《かいてい》の厳しい宮座や長年の修行を要する能座における若者たちは、補助的な地位しか与えられない。ところが、神宿の行事が終わった明け方から御神体を春日社に戻す最後の道中で行われる「朝尋常」という上、下両座の対抗行事は、それまで脇役にすぎなかった若衆の独壇場となる。最後のクライマックスは、「棚上がり尋常」や「餅切り尋常」など一連の対抗競技で、上座、下座に分かれた若衆同志の激しい競合いになる。神宿と社殿とにおける昼夜通しの神事能を挟んで、祭りの前半部には祭儀が延々と辛抱強く執行され、最後の部分に若者の秩序破壊的な行為が配されている。秩序正しく展開する諸行事では端役にすぎない若者たちが、混沌たる活気を呈して沸騰する対抗的な行事においては、主役を演じる。薗田は、子供から大人への移行期にある若者の不安定な社会的地位が、祭りの象徴的次元でも「祝祭」のカオス的状況を現出する役割に通じている、と観察した。

ひるがえって、デュルケムによれば、人々は日常の俗なる世界とはまったく対立する聖なる世界の存在を、集団的な沸騰の状態の中で実感する。しかもその実感は集団全体によって共有されたものであり、共同の体験として、それ以降も日常の生活を律する基盤として働く。一旦、集団的沸騰を経験した共同体においては、それは周期的に訪れ、その成員の意識を再生する契機になる。

祭りによってもたらされる集団的沸騰の状態は、伝統的な祭りだけに特有の事柄ではない。例えば、政治的な集会には、伝統的な祭りと同じように、参加者の意識を特異なものに変化させる力が備わっている。デュルケムは、共同の情熱に暖められた集合の中で人々が自分自身の力に埋没している時にはまったく不可能であるような感情に刺激され、行為に走ることは、フランス革命の勃発した一七八九年七月一四日の夜を思い起こすだけで十分だと述べている。そして、フランス革命の初年においてほど、「社会が自ら神となる」傾向が明瞭に見られたことはなかったとも述べている。また、アンリ・ルフェーヴル（一九〇一～九一）は、フランス革命によって成立したパリ・コミューンについて、「パリ・コミューンとは何か。それはまず巨大で雄大な祭りであった。フランス人民一般の精髄であるパリの市民が、自分自身にささげ、かつ世界に示した一つの祭りであった」と述べている。さらに、モナ・オズーフ（一九三一～）は、フランス革命の一〇年間に信じられぬくらいに豊富な数の式典、革命祭典がおこなわれたことに着目しつつ、その見方に関しては科学的フランス革命史を標榜した初代のソルボンヌの革命史講座主任教授F・A・オラールの、フランス革命の祭典は、「祖国愛の方便」にほかならず、個々の祭典は、敵の党派を窮地に追い込むためにある党派によって考案された手段にほかならないという、革命祭典を党派の政治的プロパガンダとしてとりあげ、まつりそのものを無視する、政治的解釈に強く反対した。そしてオズーフは、政治的解釈の正反対ともいうべき立場を、ジュール・ミシュレ（一七九八～一八七四）に見いだした。ミシュレは、祭りが存在するためには何がなければならないかと問い、その答えとして、一、上からの統制の対極をなす民衆の自発性、二、暴力と排除の原理の対極をなす平和と結合の原理、および三、合理性、党派性の対極をなす非合理性、宗教性を掲げたが、オズーフは、このことを高く評価する。オズーフは、祭典は主催者の政治目的から独立した、自立的な完成空間だと主張する。オズーフにとっては、まつりとは、「人と人とを結合する空間とイメージとシンボルの創造」である。

このようなまつりは、理念の日常的埋没を再発掘するための、理念像の非日常的なよみがえりをもたらす。革命の理念が、まつりに結実し、周期的に再生するのである。

まつりの中には、放埓な「祝祭」場面がある。それは、祭儀との著しい対比を示している。宗教的伝統によるまつりであっても、政治的な祭典であっても、まつりの中では、青年たちが、極度に反秩序的な振る舞いをすることが許され、むしろ期待されている。このことは、まつりの構造にどのように組み入れられているのか。ここにもう一つのテーマ、融即状況における象徴的再生を考察しなければならない理由があらわれる。

融即状況における象徴的再生

古代社会のまつりには、供犠を中心とする祭儀を囲んで、全体が神の死と再生という主題を演じる聖なる劇のかたちをとるものが多い。供犠は、全体を保全するために、部分を犠牲にささげる儀礼である。全体にとってもっとも大切な部分が特に聖別され、その後で浪費される。犠牲として捧げられるのは、大切な家畜の初子であったり、穀物の初穂であったり、長子や処女あるいは神聖な王であったりする。もっとも価値の高いものを神に捧げることによって、その代償として集団全体の再生と存続が保証される。

祭りの世界では、薗田の観察によれば、無機的、機械的な時間は退いて、象徴的なコミュニケーションによるドラマが展開する。季節の交代、社会の起源、神々の誕生、死、再生が祝われる。そこでは、浄と不浄、生と死、男と女、敵と味方、王と賤民、善と悪、秩序と混沌、聖と俗など、日常性の中に埋没していた二元的対立がきわだって呈示される。そして、誇張された対立は、その極限に至ると、融即状況が生まれ、そこで贖罪による和解、カオスからコスモスへの再創造などの形で、劇的に融合する。いいかえれば、まつり劇の主題は、宇宙的な生命の生と死の対立が再生において解決することにある。

象徴的なコミュニケーションのメカニズムが、まつりの進行の中に、非日常的な位相として用意される。人々は、神々の化身となり、神話の世界が、この世界の実在として、模倣される。人々の感覚は、常識の位相から遊離する。虚構が真実になり、真実が虚構になる。不可能が可能になり、過去や未来が現在になる。まつりにおけるこのような位相は、相反する二つの社会行動の様式によって、導入される。一つは、日常に内在する規律を極端かつ厳密に強調した行為によって日常性を超える方式であり、これが祭儀である。もう一つは、日常の規律を逆転し、破戒行為を徹底して日常性を超える方式であり、これが祝祭である。これら相反する二つの要素が複合することによって、まつり固有の融即状態が生まれる。

祭儀は、禁欲的犠牲と厳しい節度の中に社会秩序が徹底して表現される、俗から聖への象徴的なコミュニケーションである。コミュニケーション特権は、精進潔斎という積極的浄化を条件とし、儀礼の手続きは、厳密さと慎重さを要求する。もし過ちを犯せば、コミュニケーションの効力に重大な支障がおきる。それは、罪になる。他方、祝祭は、仮装のもとでの演技によって表現される、聖から俗へのコミュニケーションである。異様な服装や化粧が日常の社会的地位を隠し、まつりの象徴的役割を演じるための変身を可能にする。仮装と狂騒によって、個人の集団への同一化がすすみ、日常世界の社会構造が溶解する。濫費や破壊などの放埓が重んじられ、社会の日常的な秩序や禁忌に違反することは、まさに祝祭の本質である。日常社会の構造は、公然と破壊され、原初のカオスに立ち戻る。そこで初めて日常のコミュニケーションの限界が超えられて、別世界とのコミュニケーションが可能になり、超越的存在との同一化が達成される。そこでは、不可能が可能になり、超経験が経験になる。祭儀と祝祭は、両者の相乗作用により、コミュニタスの状況を作り、そのことによって、まつりの超越的な位相を実現する。

コミュニタスという言葉は、ヴィクター・ターナーの命名による。これは、成人式など参加者の社会的地位を転化させるような儀礼の過程において、社会がいったんその構造を溶解させることをさす。儀礼のプロセスの中で集団が表象する、このような反構造的な融即状態の位相においては、成員が、地位や役割を通しての部分的なコミュニケーションではなく、互いに全人格的なコミュニケーションを行う、無構造ないし反構造の位相が実現する。そこでは、「われ」と「なんじ」が直接的、全面的に融合して、リアルに「われわれ」が実現する。コミュニタスは、集団表象として瞬間的に現れても、すぐに硬直化し、構造化して、消えてしまう。ターナーは、コミュニタスこそ、あらゆる歴史上の共同体が理想としたものの中身であり、瞬発的に実現する融即状況の中で経験された充実感は、成員に記憶され、成員の実存的な帰属感を支えるのであって、コミュニタスは、やがて共同体のモデルとして日常的に規範化したり、ユートピア化したりする、という。

まつりは、このようなコミュニタスの実現を目標とするのである。宗教のまつりであれば、神と人、人と人とが合一化する世界となる。政治のまつりであれば、目指すユートピアが実現する。まつりは、祭儀における聖別と祝祭における混融が相乗作用をする結果、超越的、全体的なコミュニタスを表象する。まつりにおいて、まつる者は、その日常的自己疎外を癒し、コミュニタスの場に自己を同定することができ、実存的な充実感をえることができるのである。

参考文献

エミール・デュルケム『宗教生活の原初形態』（古野清人訳）岩波文庫、一九四一年
アンリ・ルフェーブル『パリ・コミューン』（河野健三・柴田朝子訳）岩波書店、一九六八年
モナ・オズーフ『革命祭典』（立川孝一訳）岩波書店、一九八八年
ヴィクター・ターナー『儀礼の過程』（富倉光雄訳）思索社、一九七六年
柳川啓一『祭と儀礼の宗教学』筑摩書房、一九八七年
薗田稔『祭の現象学』弘文堂、一九九〇年

12 僧と俗

近代社会の機能分化は、宗教的な世界にも及び、僧侶と俗人との機能分化が明確化した。今日、わが国においても、諸外国においても僧侶の理想と俗人の実感の乖離が顕著になっている。宗教的な世界における聖職者の一般信徒からの遊離の背景を考察する。

教祖とカリスマ

僧とか聖職者とよばれる人々は、そもそもどこから出てくるのか。未開社会の宗教においては、そうした階層は未分化であったが、古代宗教においては、土地の神々に仕える司祭者がいた。しかし、より典型的には、いわゆる世界宗教、キリスト教、イスラム教、仏教などの教祖が、一般社会の人々とは異なる、いわば人類の生き方の教師として誕生してから、このような人々が出てきたものだと言ってもよい。これらの宗教には、後になって教祖とよばれるようになった、教えの創唱者がいたのである。

これら教祖とよばれる教えの創唱者は、ほぼ共通して、日常生活の基盤であり、社会生活の基本である家庭を放棄して、超越的な価値に導かれている。かくして、教祖ないし教えの創唱者は、天啓とか、啓示とか、あるいは悟りというような、日常生活の価値を超越した価値の世界に達し、やがて、そうした天啓、啓示、悟りといったものの体験や内容を、周囲の人々に説くようになる。キリスト教、イスラム教、仏教の教祖とされるイエス、ムハンマド、ブッダらは、いずれも、このような体験の持ち主であり、教えの創唱者であった。そして、彼らに賛同する人々の集団が、彼らの周囲にできていって、教団が発生したのである。

これらの教えの創唱者は、宗教的指導者に特徴的な、人を引き付ける力を神から与えられていた。このような力ないし能力を、マックス・ウェーバーは、カリスマと名付けた。カリスマという言葉は、ギリシャ語から出た神の賜物を意味する言葉であって、特定の個人、役割、身分、組織、事物など、他からとくに区別される、超自然的、超人間的な、異常な力あるいは性格をそなえたものをさす。ウェーバーは、カリスマ的人格の権威は、伝統あるいは合理的な立法に基づく規範によるものでなく、純粋に個人的なカリスマに基づくものだと強調した。カリスマ的人格の支配は、一方ではその承認が義務として要求されると同時に、他方ではカリスマ的人格がそのカリスマを実証することにより、みずからの集団に属するものの支持を保ちうる場合にのみ、可能であるという性格を持っている。

ウェーバーは、カリスマ的人格の支配がつねに不安定なものであることを強調した。彼は、カリスマ的支配が成功した場合でも、たとえばカリスマ的な指導者が死亡した場合には、その後継者の問題を契機にして、カリスマが、例外的、非日常的、個人的なものから、より日常化され、特定の個人の人格に直接依存しないものへと変質していくことを指摘した。カリスマは、特定の個人の人格に固有の特質としてではなく、血縁によるもの（世襲カリスマ）、特定の官職によるもの（官職カリスマ）、あるいはまた特定の儀礼や教育によって獲得されるもの、とみなされるようになる。儀礼によって獲得される官職カリスマの典型的な例には、ローマ・カトリック教会の聖職者がある。

カリスマ的人格のカリスマは、既成の秩序を破壊し、新しい秩序を生み出すものとして作用する。しかし、日常化された形でのカリスマは、逆に、既成の秩序を正当化し、維持していくものとして作用することになる。このような事例として、ウェスレーの人格的なカリスマによるメソディズムの発生とその死後における集団の組織化をみてみよう。

イギリス国教会の一牧師、ジョン・ウェスレー（一七〇三～九一）が一八世紀の半ばに創始したメソディズムは、いまや世界的な一大宗教団体に成長している。宗教運動としてのメソディズムは、その規模はもとより、教義的特質や組織形態など、近代における宗教のあり方を考える上で、大きな意味を持っている。それは、伝統的社会の崩壊や都市化といった近代化のインパクトに対する、宗教の新しい適応形態を先駆的に示した宗教運動でもあった。

当時のイギリス国教会の組織は、山中毅の考察によれば、イングランドの南部、南ミッドランドおよび東部地域においては伝統的な村落共同体と結び付いて強固だったが、北部、北西部、西ミッドランド地域においては比較的弱かった。産業革命にともなう人口の急増が起こり、メソディズムの伸長した地域は、まさに後者の地域であった。メソディズムは、上層階級、専門職、農民層そして商人にはあまり受容されず、下層中産階級に属していた製造業者によって受け入れられた場合が多かった。メソディズムでは、説教者が定期的に任地を移動する巡回制が採用され、これを支えるために、ウェスレーは、一般信徒を積極的に登用した。このことが、新しい人工的な共同体を創り出すことに貢献した、といわれている。

メソディズムの成立は、ウェスレーが自らを唯一の指導者として独自に回心者の集団をまとめた過程および国教会の宗教的権威からの逸脱の過程としてとらえられる。元来、メソディストの説教者は、ウェスレーの説教によって回心して、運動の手助けをするようになった、正式な牧師の資格を持たない在俗信徒であった。これら在俗信徒が、やがて組織の決定によって、福音活動だけに従事する、専従の聖職者となった。ウェスレーは、これら在俗信徒から専従の布教者となった聖職者たちに、自分の死後にも、己を全面的に神に捧げ、メソディストの教義だけを説教し、メソディストのすべての規律を遵守して、メソディストの存続のために団結することを求めた。そして、説教者の中から、一〇〇名を「年会」の構成員と認定して、年会を、ウェスレー死後の組織の運営主体とするように命じた。

ウェスレーは、メソディズムは国教会内にとどまるものだと唱えていたけれども、彼の現実の行動は、国教会の祈禱書によらない即席の祈り（一七三八年）、教会外での野外説教（一七三九年）、独自な組織の結成（一七四〇年）、信徒説教者の採用（一七四〇年）、聖職按手《あんしゅ》権の行使（一七八四年）と、国教会の宗教的権威と秩序から、次々に逸脱していった。ウェスレーは、これらの逸脱を、神と聖書の権威こそが至上の絶対的権威であり、福音宣教と人々の魂の救済は一切の人間的制約を超えた神からの絶対的命令であり、自己の行為は神が彼に与えた命令の遂行という不可避の義務の履行である、という主張によって正当化した。ウェスレーにとっての正統性の根拠は、もっぱら自己意識にあり、ウェスレーの宗教的権威は、カリスマ的権威にほかならなかった。ウェスレーは、国教会の宗教的権威という既存の秩序にかわって、自らが神の命令の担い手になった、と確信した。ウェスレーは、神が彼に福音の伝道を委託した以上、国教会は彼に沈黙を命じる何らの権力も持っていない、と断言するに至った。

メソディズムの活動において、ウェスレーは、最終的な決定権をすべて独占し、自ら絶対的監督権を有効に行使するために、縦の役職体系を設定した。その体系は、アシスタント——ヘルパー——地方説教者―クラス・リーダー―一般信徒という構成になっていた。組織下位者は、上位者に対して、絶対服従を要求された。この中で、重要な位置を占めたのは、アシスタントとヘルパーからなる巡回説教者で、彼らは、他の役職者と違って専従であり、地域の諸会の上部組織である巡回区に属し、定期的に移動しながら地域の諸会を監督する役割を担った。

やがて一七九一年に、ウェスレーは、死去した。ウェスレーが死ぬと、二つのグループの対立が顕在化した。第一は、国教会との非分離を唱え、説教者が聖餐式を執行することを全面的に禁止すべきだとする、富裕な礼拝所の管財人や保守派説教者で、第二は、国教会と分離して、説教者による聖餐式を執行すべきだという、地方の要求を代表する立場であった。対立は、次第に激化し、もっとも急進的な人々は、聖餐式の実施は、メソディストの「特権」であると主張し、年会がこれを禁止する決定を行ったことは「われわれ信徒の特権を制約」するものであり、良心の抑圧にほかならないと非難した。この批判のために、主唱者は、追放されたが、急進派の主張に共鳴した人々は、追放された論客を中心に新しい教派を結成した。こうして、ウェスレー死後、最初の分派が誕生した。

ウェスレー死後のメソディズムの展開は、カリスマの「日常化」と説教者層への転化に集約される。トレルチの類型論を援用して、宗教的な権威が客観化された宗教集団を「チャーチ」とすると、ウェスレー死後のメソディスト組織の展開過程はチャーチ化にほかならない。そして、ウェスレーの死から一九世紀前半に至る抗争と分裂は、ウェスレーの権威の継承と制度化を背景とした組織のチャーチ化とそれに対するセクト的原理の拮抗であった。

ウェスレーの没後、メソディズム中興の祖となったのが、ジェイブズ・バンティング（一七七九～一八五八）である。バンティングは、一八二〇年代後半から四〇年代前半にかけて、安定的な独裁体制の構築に成功した。バンティングの政策は、組織財政において裕福な信徒を積極的に登用し、組織の機関を整備し、中央権力を充実して、説教者の権威と権限を強化することにおかれた。バンティングは、メソディズムのセクト的な性格を否定し、ウェスレーの人格的カリスマ的権威を、ウェスレーの人格に直接に依存しない、日常化された、官職カリスマへ移行させることに成功したのである。

やがて、バンティングによる年会の独裁的な支配に反発する勢力ができてきた。説教者の団結と信頼感に亀裂が生まれて、バンティングの組織運営を攻撃する、『フライ・シーツ』とよばれるパンフレットが発行された。これは、バンティングに対する個人攻撃とともに、説教者層の職務の変質、とりわけバンティングら組織中枢の福音伝道の実践からの遊離を批判した。組織中枢は、これをきびしく弾圧し、当時のメソディズムの約三分の一に相当する数の追放者や離脱者が出たといわれる。『フライ・シーツ』事件は、組織のチャーチ化に対するセクト的原理の反発と抵抗であった。

メソディズムは、イギリスが、神の権威に基づく、上から制度化された社会から、人々の自然権に基礎をおく、下からの秩序の形成にむかって変化する際に生じた運動であった。ウェスレーの人格的カリスマとメソディズムの運動におけるカリスマの制度化は、宗教集団における聖職者と在俗信徒との関係の理解に、一つの手がかりを与えてくれる。

共同体のリーダーとしての聖職者

カリスマ的な聖職者は、かつては、大きな社会的役割を担っていた。たとえば奈良時代の僧、行基《ぎょうき》（六六八〜七四九）は、百済王の末裔ともいわれ、和泉の出身で、法相宗《ほっそうしゅう》に属し、大和の薬師寺の僧であったが、社会公共事業に大きな貢献をした。養老、神亀年間には、何千人もの信奉者を引き連れて諸国を巡遊し、寺院を建立したばかりでなく、池や堤を作り、道路を開拓し、橋梁を架設した。東大寺の大仏造営にもかかわり、聖武天皇に菩薩戒を授け、みずからもわが国最初の大僧正に任ぜられた。行基は、カリスマ的な宗教家であったばかりでなく、多様な方面に能力を発揮するテクノクラートとして活躍した。「行基図」とよばれる、行基の作ったとされる日本全国の地図が残り、屋根の葺き方の一形式に円瓦の一端が多端より細い場合に後の瓦の太い方で前の瓦の細い方を覆うように順々に重ねて葺く「行基葺」とよばれる瓦の葺き方があり、大阪府泉北郡から出た素焼きの「行基焼」とよばれる陶器があるなど、行基は、ただの聖職者というよりは、共同体のリーダーであり、多彩なテクノクラートとしての生涯を送ったことが知られる。

平安時代の弘法大師、空海（七七四～八三五）もまた、多様な業績を残している。讃岐出身の空海は、八〇四（延暦二三）年に、遣唐使一行とともに長安にわたり、恵果《けいか》から伝法の灌頂《かんじょう》を受け、尊法、経典、法具を悉皆伝授された。八〇六（大同元）年に帰朝、勅により高雄山に住して、密教を流布した。八一六（弘仁七）年には、高野山を開き、金剛峯寺を創建して、入定の地と定めた。八二三（弘仁一四）年には、朝廷から東寺を賜わったので、これを鎮護国家の祈禱道場とした。空海は、一般教育にも力を注ぎ、八二八（天長五）年には、京都に綜芸種智院《しゅちいん》を設立した。詩文に長じ、能書の誉れが高く、わが国の三筆の一人とされている。涅槃経《ねはんぎょう》第十三聖行品《しょうぎょうぼん》の偈、「諸行《しょぎょう》無常《むじょう》、是正滅法《ぜっしょうめっぽう》、生滅滅已《しょうめつめつい》、寂滅為楽《じゃくめついらく》」の意味を読み込んで平仮名四七字の歌に作った「色は匂へと散りぬるを、有為の世誰そ常ならむ、浅き夢見し酔ひもせす」という「いろは歌」も、弘法大師の作とされている。

　これらの有名な僧侶でなくても、かつては、医者と僧侶とはおおむね同一人物の兼職であったし、村の共同体の中で、僧侶は、相談役であった。いわば、村長のような役割を果たしていた場合も多かったのである。比較的近年になっても、僧侶でありながら、学校の先生をしている人々がたいへんに多かった。日本の聖職者ばかりでなく、アメリカの開拓地などでも、共同体の中では、聖職者が、その共同体の道徳律の擁護者であるとともに、社会奉仕を行い、教育や各種の技術の担い手でもあったのである。

寺や教会も、かつては社会の中心であったが、近代化とともに、機能分化が進み、その機能が分化していく。政治的な役割は、政治家に、医術的な役割は、医師に、技術的な役割は、技術者に、教育的な役割は、教師に、引き渡される。かつて、寺や教会が担っていた幼児教育、社会福祉、よろずの相談ごとその他、聖職者および寺や教会が果たしていた多様な機能が、国や公共団体、あるいはさまざまな専門家に譲られるようになり、憲法による政教分離の規定をはじめ、それぞれの専門職業の要件を規定する法律などによって、世俗的に定められるようになっている。こうして、現代人の生活においては、著しく世俗化が進んでいるのである。

現代における聖職者の役割

この世を生きている領域にかかわる領域が、次々に専門分野に分解している現代においても、聖職者と宗教に残されている分野は、死にかかわる分野である。『葬式仏教』と題した圭室諦成の著書があるが、この表題は、現代日本の既成仏教の活動の実態を見事に表しているように思われる。現代人の感覚では、科学の発達とともに、この世の神秘的な部分は、しだいに小さくなり、神秘的な感覚とか不思議という実感が、実生活の中で意味を持たなくなってきている。科学の発達によって、宗教は領域を狭められ、そのうちに、宗教は科学によって凌駕されてしまうのではないか、という議論さえ行われている。しかし、科学は、人々が生きていることの意味を提供できるのだろうか。たとえば、医学の先端で今日の問題になっている臓器移植は、科学によって延命をはかる行為であるが、他人の臓器を移植することによってある人の生命を延長することが人が生きているということにどのような意味を持つのかを考えなければ医学に携わる、医師の仕事の意味付けができないという状況をもたらしている。

生と死の問題は、すべての人々に課された究極の課題にほかならない。この問題こそが、偉大な宗教者たち、ブッダやイエスをして、この世にあるがままの生を超えた、さらに大いなる命の価値に到達せしめたのであり、永遠の宗教者の課題でもある。

すべての生きものは、死とともに、その生を終わる。終わるに相当する英語の単語、endは、目的という意味を含んでいる。ギリシャ語のtelosもまた、終わりと目的という意味をともに含んでいる。これらの言葉は、すべての生命は、死を目的にして生きているのだ、という認識を示している。死を目標にして、すべての生命が死に物狂いで生きている。この自覚こそが、宗教を生んだ原動力だったと思われる。

生物学や現代の科学の先端的な部分で、死の持つ意味合いをどう理解するか、という問題について、村上陽一郎は、興味ある観察をしている。すなわち、人間の体の細胞は、試験管のなかでは、五〇回位以上の分裂を繰り返すと、死んでしまう。しかし、癌細胞は別で、全世界のほとんどの研究所の試験管の中で癌細胞が、ずっと分裂を続けている。癌細胞の特異な性格は、生物のなかでは異常であり、死を目的にしていないように見える。この癌細胞は、生きている宿主に取りつくと、その特異な性格を発揮することによって、宿主を倒すのであるが、宿主が倒れることによって、癌細胞自体も死ぬ。したがって、癌細胞といえども、自然の環境の中では、死を目的としている、というのである。

村上は、生命の特徴は、自己の組織化であるが、同時に、自己の解体化の可能性を含んでいる。十字架上の死がイエスの生の完成であったのと同じように、死が生の完成である、という見方が可能だ、という。さらに村上は、個体の死によって、生命圏の全体が生きていることに注目する。地球上にある程度の条件が整っているかぎり、生命圏全体は、生き続ける。一つ一つの死が組み込まれている生、一つ一つの生に組み込まれている死の完成が、生命圏全体が生きることを可能にしているのだ、と観察する。

生きているものは、自己を解体する仕組みがはたらくまで、一体なぜ自己の組織化を続けなければいけないのか。この問いは、結局、死を通しての生の意味付けということになる。生命圏の全体のなかで、なぜ生きているものは、死ななければならないのか。死を目標として、いかに生きなければならないのか。この問題に、科学も、宗教も、直面しなければならない状況に至っている。

すべての生きものが「死ぬ」という、同じ目的を共有している。生きているものは、「死ぬ」という同じ目的によって、生きている状況の意味付けをしなければならない。たとえば、ヨーロッパの医療倫理は、キリスト教のヒューマニズムによって支えられていた。しかし、それは、ギリシャの医療倫理とはまったく違っていた。ギリシャでは、健康が徳（arete）であり、不健康であるということは、徳ではなかった。したがって、障害を持っていたり、病気であったり、年老いたりすることは、徳を欠くことにほかならなかった。このような環境に、キリスト教が与えた衝撃は、本質的なものだった。

環境問題に関して、自然界すべてのものに仏性《ぶっしょう》があるという日本仏教の考え方を指摘しておかなければならない。欲望の限りない拡充という志向性が環境問題を引き起こしているとすれば、古来から仏者が説いている「少欲知足《しょうよくちそく》」という教えは、欲望の拡大と充足は、解決をもたらさない、ということを示してきた。

現代の人々も、永遠に生とともにある死に関して、聖職者に大きな役割を期待している。キリスト教の牧師は、死の床につく患者を見舞い、励まし、仏教の僧侶は、葬式の儀礼によって死の荘厳を飾っている。現代の人々は、科学がもたらしている、新しい、意味付けの表現形とともに、宗教者が究極的にかかわってきた、死ぬことの意味付けを求めている。現代の聖職者には、この世の中で多様な生を生きる人々とともに、生と死の意義を究めることが求められている。

参考文献

マックス・ウェーバー『経済と社会』(世良晃志郎部分訳)、創文社、一九六〇～七〇年

山中弘『イギリス・メソディズム研究』ヨルダン社、一九九〇年

圭室諦成『葬式仏教』大法輪閣、一九六三年

村上陽一郎「死を通して見た生命」『コスモス・生命・宗教』天理大学出版部、一九八八年

13 禁欲

人間は、限りのない欲望を持っているが、満たしえないことが多い。無限の欲望は、適当な抑止がかけられないと、道徳を破ったり、社会を危うくする。そこで、規範でもって欲望を抑止する戒律、あるいは救済のために積極的に欲望を抑圧する修行、さらに修行を職業活動の実践に転換する世俗内禁欲といった反応が生まれた。また、物質的な欲望の充足された現代社会においては、新しいかたちの出家運動が発生している。

禁欲と戒律

人間は、限りない欲望を持っている。しかし、生きていくためには、さまざまな社会的制約が重なって、欲望を実現しようとしても、思いのままにならぬことの方が多い。欲望は、適当な抑止がかけられないと、時には道徳を破ったり、社会を危うくする危険がある。そこで、戒律を定めて、欲望を抑止しようとすることになるのである。

戒律という言葉は、もともと仏教僧伽《そうぎゃ》において修行を志す出家者に求められた宗教的な規範をさした。それは、煩悩の発動を抑え、かつ断滅させるための日常生活の心得であり、同時に、修行者の集団としての僧伽を統制するために必要な組織規定であった。仏教の三蔵《さんぞう》の一つ律蔵は、解脱をめざす修行生活を営む比丘《びく》、比丘尼《びくに》が護持すべき戒律を集大成したものである。出家者は、「少欲知足」を標榜する乞食《こつじき》生活を理想とし、個人の所有物は三衣一鉢《さんえいっぱつ》と称せられる日常の必需品に限定されており、徹底的に節制を旨とする規律に従うものとされた。

比丘、比丘尼の修行生活は、僧伽での規律の上に成り立ち、その実践が解脱への条件とされていた。もし、違反行為が起き、他の修行者に悪影響がおよぶような場合には、違反者には、波羅夷《はらい》（僧伽追放）などの処罰が課せられた。なお、律は、罰則規定であるが、戒は徳目で、悪行に対する「はじらい」として、自制心を喚起するような形で述べられている。

戒律を重視する南方仏教でも、在家の仏教信者には、通過儀礼的に青年期の一時的に短期間出家する慣習のほかには、僧伽での修行は、課せられていない。したがって、在家信者が守るべきものは戒のみで、それには、仏法僧への帰依を誓う三帰戒《さんきかい》、不殺生戒《ふせっしょうかい》、不偸盗戒《ふちゅうとうかい》、不邪淫戒《ふじゃいんかい》、不妄語《ふもうご》戒《かい》、不飲酒戒《ふおんじゅかい》の五戒などがある。また、大乗戒は、仏教修行の社会化を基調にして体系化され、出家と在家を分化していない。大乗戒による修行理論は、いわゆる菩薩道である。それは、僧伽の枠を超越して、布施（博愛）、持戒（節制）、忍辱《にんにく》（慈悲）、精進（修善）、禅定（持心）、智慧（叡智）の六波羅蜜《ろくはらみつ》を実践することによって社会救済（利他行）に打ち込み、この修行によって自己を鍛練しようとするものである。

ユダヤ教およびキリスト教の戒律の根本は、『旧約聖書』（出エジプト記二〇章）に掲げられているモーゼの十戒である。内容は、唯一神の礼拝、偶像の禁止、神の名を妄りに唱えることの禁止、安息日の厳守、父母への尊敬、殺人の禁止、姦淫の禁止、盗みの禁止、偽証の禁止、および貪婪《どんらん》の禁止である。前半は、神に関する規定、後半は、倫理規定になっている。ユダヤ教の律法は、神ヤハウェとイスラエル人との契約であることに特徴があり、人の側で神の絶対的命令を誠実に遵守すること、それによって神から恩恵が与えられることを内容としている。もし、律法を守らないと、それは契約違反で、神の怒りを招くものと認識されていた。

イエス・キリストは、福音による神の救いを説いて、律法主義を退けたけれども、律法そのものを否定したのではない。イエスは、律法をイスラエル人と神との契約としてよりも、神の恩恵への感謝として受け止めるという、新しい意味付けを行って、聖書の宗教の世界宗教への道を開いたのである。キリスト教徒は、十戒を、神の恩恵に応答する人間の行いのいたらなさを具体的に自覚するよすがとする。

カトリック修道会の会則は、キリスト教における重要な戒律である。修道会への入会にあたって、修道者は、この世の欲望をすべて捨てさり、清貧、貞潔、従順の三誓願を立てなければならない。修道者は、これらの誓願を遵守して、キリストにならった、完全な徳への道を歩まなければならないのである。

イスラム教では、律法（シャリーア）が、預言者ムハンマドを通じて啓示された神の意志として、イスラム教徒の共同体の行動を規制する。したがって、社会秩序の規則を犯すことは、宗教的な背教行為として、不可避的に宗教的な罰を受けるものとされた。律法は、世俗的な法領域での尺度にもなっている。

戒律は、この世的、世俗的な欲望の制限や禁止項目を多数含んでいるが、その多くは、もっぱら僧院や修道会などの修行者に適用される。修行者は、禁欲的戒律を実践してその生活を営むが、涅槃や完徳をめざす修行者は、それを宗教的理想実現への当然の務めと自覚する。彼らは、戒律を、欲望の抑圧、行動の制限として、消極的に把握するよりは、むしろ理想実現への営みとして、積極的に把握する。在家者においても、戒は、禁忌とは異なって、自覚的に受容され、行動の指針になっている。

修行と出家

救済をえるためには、ただ欲望を戒律で抑止するだけでは不十分だと考える人々は、積極的に、肉体を苦しめ、こころの内の欲望を抑圧して、徹底した禁欲を救済への足がかりにしようとする。禁欲は、俗心を去って、信仰に心を統一するための修行になるのである。

修行に類似の語彙には、苦行、荒行、修業、禁欲などさまざまなものがある。しかし、苦行や荒行という語彙には、観察者が修行をみた場合の評価が入っている。また、修業という語彙は、通常技術や芸能について用いられる。究極目的のための身体の訓練および肉体の否定的評価には、禁欲という語彙があてられる場合もある。修行ならびに禁欲に相当する英語は、spiritual exercise および asceticism が一般であるが、後者の語源のギリシャ語の askesis は、目的達成のための訓練ないし練習の意味で、身体の鍛練や学業の研鑽なども含んでいる。修行は、宗教的な意味での禁欲であり、それは、心身の統制による、宗教上の理想を実現する手段を指す。それは、とくに肉体的、精神的、本能的な欲望の否定を強調している。修行の意味付けが内面化されると、自己否定さらに現世否定の思想へと展開する。

修行は、さまざまな宗教に見ることができる。未開宗教では、成人式や秘密結社への入団式に、試練として修行が課せられる。古代宗教では、ギリシャのオルフェウス教やピュタゴラス派の亢進的な修行などを見ることができる。民族宗教では、わが国の神道の滝行や禊《みそぎ》、古来からインドで実践されてきたヨーガの修行などがある。イスラム教のメッカへの巡礼やわが国のお遍路などの巡礼も、修行の一形態である。ヨーガの行法は、岸本英夫によれば、「姿勢を整え、呼吸を制し、意識を一点に集中することによって、心的諸作用の制御を図る。その結果、心は純一明澄となり、しだいに深い体験の境地に入るのである。副次的には神通力を行使しうる特殊能力もあらわれてくる」という形態のものである。ヨーガの行法は、バラモン教、ジャイナ教、ヒンズー教、仏教などに大きな影響を与えており、アジア的な修行の範型を示している。修行を重視する宗教は、古今東西を通してすこぶる多い。

仏教では、ブッダの体験した境地を体得することを目的として、修行を重視した。原始仏教では、正見《しょうけん》、正思惟《しょうしゆい》、正語《しょうご》、正業《しょうごう》、正命《しょうみょう》、正精進《しょうしょうじん》、正念《しょうねん》、正定《しょうじょう》の八正道《はっしょうどう》が定められている。大乗仏教では、天台の摩訶止観《まかしかん》行や坐禅修行を旨とする禅宗などが生まれた。わが国でも、浄土系諸派の口《く》称《しょう》念仏、日蓮宗の法華唱題、曹洞宗の黙照禅《もくしょうぜん》、臨済宗の看話禅《かんなぜん》、修験道の山岳修行など、個性的な修行方法が案出されている。

キリスト教では、とくに神秘主義的な祈りを中心とした中世の修道院の修行が有名である。その修行は、世俗生活から離脱し、自己を浄化した上で、魂を啓発し、やがては魂が神と融合することを図ったものであった。

修行の方法には、一、睡眠や性交の禁止、断食、沈黙など、生活上必須の事象の禁止、二、抖擻《とそう》、巡礼、坐禅、数息観《すそくかん》など、日常の動作になんらかの工夫が加えられたもの、三、割礼や入墨などの身体毀損、水行、写経、反復復唱、観法、公案、祈りなど、とくに修行のために案出されたもの、などが識別される。

修行に専念する人々は、日常生活の基盤であり、この世の秩序の根源である家を出る。出家者が採用する第一の禁欲の制度化は、独身制である。その理由としては、祭儀執行にさいする清浄感の維持、聖なる者への献身の表明、救済、解脱など究極的目的への専念などがあげられる。ことにキリスト教と仏教は、制度としての独身を確立し、独身者のための一定の規則と組織的集団生活を著しく発展させた。

キリスト教では、マタイ伝第一九章に、「およそわが名のために或は家、或は兄弟、あるいは姉妹、あるいは父、或は母、或は子、或は田畑を棄つる者は数倍を受け、また永遠の生命を嗣がん」とあるように、一切の所有をすてて、イエスに従うことを求めていた。またコリント前書第七章は、「男の女に触れぬを善しとす。……婚姻せぬ者は如何にして主を喜ばせんかと主のことを慮り、婚姻せし者は如何にして妻を喜ばせんと世の事を慮りて心を分かつなり。婚姻せぬ女と処女とは身も霊も潔くならんために主のことを慮り、婚姻せし者は如何にしてその夫を喜ばせんと世のことを慮るなり」と説いていた。

独身制の歴史的背景には、古代オリエントの禁欲的な修道生活があり、三世紀のエジプトの陰修士がある。その系譜を次ぐヨーロッパの修道生活は、当初から独身が不文律で、後に、修道誓願の一つとして貞潔が定められるにいたる。ローマ・カトリック教会が聖職独身制を決定したのは一二世紀の三〇年代であるが、現行の教会法の規定に至るまで、聖職者の独自な地位を明確にするために、独身制を厳守している。教会が、独身制正当化の根拠とした理由には、聖書の典拠とともに、ミサ執行の司祭は、童貞キリストの代理として、自己を犠牲にすべきであるという主張があった。他方、プロテスタントは、万人祭司の思想に基づいて、独身生活を否定し、変わって「純潔」による男女関係の社会倫理化を主張した。

仏教の場合、出家は、ブッダの悟りの道への出発点であった。また、伝説によれば、ブッダは、成道一二年の時、僧伽の修行者に対して「不邪淫戒」を授けたとされており、比丘が、生涯を独身で通す出家生活は、僧伽成立の当初から実践されていたと思われる。三世紀ころから、大乗仏教の興隆により戒律中心の仏教に対する信者の批判がさかんとなり、出家、在家の別を立てない在家仏教運動が展開したが、組織面では、出家集団としての独身僧職者の団体が制度として受け継がれていた。

世俗内禁欲

現世の自然的秩序を拒否し、神の意志にかなう秩序を実現する手段としての禁欲が「行為者自身の本性の被造物的堕落」の克服に働きかけるときは、中世カトリックの修道生活や仏教の僧伽に見られるような「世俗外的禁欲」として結実する。しかし、現世にあって、世俗の職業を通じ、堕落を制御する方向に向けられると、カルヴィニズムに典型を見るような、「世俗内的禁欲」が形成される。

ヨーロッパ中世においては、僧侶や修道士の働きが神に召された聖なる務めと理解され、世俗の仕事とは質的に区別されていた。しかし、宗教改革者たちは、卑賤なものとされていた世俗の仕事に光りをあて、それらを神の召命（call, Ruf）に答える天職（calling, Beruf）であると把握した。マルティーン・ルターは、赤ん坊のおしめを洗う母親の仕事は、唱詠をとなえる修道女の働きと等しく貴いものであり、ミルクしぼりや肥料運搬人の働きは、僧侶の働きに劣らず、神と人とに仕える意味を持っている、と説いた。また、ジャン・カルヴァン（一五〇九～六四）は、神の主権がこの世界の全領域に及ぶものであることを主張し、人間は、その労働を通して神の栄光の手段として働く、と述べた。カルヴァンは、救いを定める全権は神にあり、人間は洗礼を受け、聖餐にあずかり、自己に与えられた労働に励むことによって、自分に対する救いの確かさを証するのだ、と教えた。召命感を持ってこの世の職業に従事するものは、勤勉に働き、誠実に仕事をなし、その収益を神からの贈物として感謝して受け、これを無駄使いせずに節約し、貯蓄をした。

マックス・ウェーバーによれば、近代的資本主義の経済活動への促進的影響力は、「禁欲的プロテスタンティズム」において、特に著しかった。広い意味でのカルヴィニズムの地域で、勤勉で節倹を重んじる職業人のタイプが急増し、合理的経営によって富を集中させ、経済をリードした。また、これらの地域では、伝統的、中世的経済倫理を代表するカトリックに比べて、職業生活を宗教的に聖化する度合いがずっと強かった。宗教改革の宗教においては、中世的、修道院的な世俗外的な禁欲倫理が、大規模に、世俗の職業生活に適用された。そして、禁欲的な職業生活が登場した。世俗内禁欲は、具体的には、絶えず自己を審査して消費や享楽を否定して節約と勤勉を旨とし、組織的な経営や労働の合理化を必然的に伴うべき職業生活を正当化する宗教倫理であったから、金銭的営利は、聖なる職業義務の結果として、積極的な意味を付与された。世俗内禁欲は、「神の栄光をあらわさんがための職業労働」の別名にほかならず、ここの宗教者において世俗内禁欲が生きいきと遂行されるのは、この目的意識がどこまで強く働いているかにかかっていた。このようにして、ウェーバーのいうカルヴィニズムの倫理が形成され、世俗内的な禁欲を通して、資本主義の精神に影響を与えていった、といわれている。

プロテスタンティズムが資本主義の形成を促進するにあたって及ぼした影響力に関するウェーバーの理論構成は、金井新二によれば、一、職業義務の概念、選びや予定の教説、救いの確証の追及、世俗内禁欲の追及などを論点とするプロテスタンティズムの職業倫理と、二、宗教的職業倫理から信仰が抜け落ちて、世俗化し、その結果として近代資本主義の「精神」が誕生するという論点とに大別される。

金井は、両者の相互関係を認めるが、経済的合理主義が、禁欲的プロテスタンティズム以外の地において、あるいはまたそれ以前の時代にも生まれていたという歴史的事実、また禁欲的プロテスタンティズムの盛んな地にあっても一向に合理的資本主義が発達しなかったという事例は、ウェーバーのテーゼに根本的な再検討と修正をせまる、と述べている。金井は、プロテスタンティズムが資本主義の精神の形成要因であったとするウェーバー説に補正を加え、西欧近代の資本主義の精神は、経済的営利の自立的要請が、キリスト教的職業倫理と折衝するところに生じた、そして、その双方を適度に満足させうる妥協の産物としての、「合理的営利の精神」である、と主張する。

いまや、合理的営利の精神は、わが国や東アジアで急速な経済発展を成し遂げつつある諸国、いわゆるダイナミック・エイジアン・エコノミーズ諸国など、キリスト教文化圏でない地域において、強力に実践されている。戦後世界のどの地域よりもはるかに急速に成長したわが国においては、その経済活動はいうに及ばず、同じ時期に爆発的に拡大した新興宗教においても、合理的営利の精神がきわめて支配的であった。これら新興宗教は、都市における産業と雇用機会の急速な増大に引き付けられて、伝統文化を捨てて田舎から出てきた人々を取り込んで都市型の新興運動として発展したが、それらは、いずれも著しくこの世における幸福の実現を志向している。

戦後発展した新興宗教の多くは、田舎で慣れ親しんでいた祖先崇拝を儀礼の中心に据えるとともに、新しい環境での人間関係を円滑なものにする機会を提供して、この世における勤労に努力を傾注するように説き、教えを守れば幸福になれることを強調した。教えの多くは、祖先崇拝その他の伝統的な権威の見直しを説くものであり、一部には伝統的な権威に挑戦するものもあったけれども、これら新興宗教運動は、おしなべて、在俗職業人による、在俗職業人の、在俗職業人のための宗教運動であり、この世における貧・病・争の諸問題にいかに取り組むべきかをその活動の中心的な課題としていた。その意味では、いずれも著しく現世志向であり「プロテスタンティズムの世俗内禁欲」に通じる性格を帯びていたのである。

現代の出家運動

プロテスタント国アメリカにおいては、アメリカが世界を席巻し、パックス・アメリカーナが実現して、すべてのアメリカ人が中流階級化し、豊かさを謳歌するにいたった一九六〇年代の後半から、大きな意識変化がおこったといわれる。それは、政治的急進主義、戦闘的な市民権運動、反戦・反差別闘争、大学紛争、セックスと同性愛の自由化、麻薬など、さまざまの内容を持つ対抗文化（カウンター・カルチャー）の発生である。対抗文化は、技術中心、功利主義に支配された文化を拒否し、この世の体制から離脱したライフ・スタイルを求めるという共通項を持っていた。その展開は、一九七〇年代のうちに終わり、保守、伝統への流れに回帰したけれども、その影響力ないし後遺症は、今日もまだ続いている。

対抗文化の時代に、保守的なキリスト教セクトの躍進、オカルトの復活およびキリスト教の伝統の外にある、エキゾティックな新興宗教のブームが起こった。これら新興宗教の支持者層は、ロバート・ベラーとチャールス・グロックが編集、執筆した『新しい宗教意識』(一九七六)によると、中産階級上層出身の、白人を中心とした、大学中退者または卒業生が核になっていた。また、フランシス・フィッツジェラルドが『ニューヨーカー』に連載し、後に単行本としてベストセラーになった『丘の上の町』(一九八七)は、ラージュニーシュのアサイラム、サンフランシスコの同性者のコミュニティー、引退者専用の優雅な退職者村「太陽の町」などを題材として、これらの人々が、いかに社会生活から「出家」しているか、を生き生きと描写している。

わが国においても、最近、合理的営利の追及によってもたらされた息苦しさから逃れて出家し、修行に専念しようとする人々にその場を提供しようとするさらに新しい宗教運動が現れる兆候が出てきている。かつて、戦後の経済復興と都市化の時期に急成長を遂げた新興宗教の多くは、一部に創価学会などそれに挑戦する教団もあったけれども、おおむね日本の宗教の伝統に忠実な教団であった。伝統重視の新興宗教は、祖先崇拝を信仰の核に据え、農村から都会に出てきた人々をターゲットとし、おろそかにされてきた祖先を供養することの重要性を説き、貧・病・争の原因は、すべて祖先を無視し、それを祀らなかったことにあると説明した。その教えは、故郷で祖先供養に親しんできた人間の心をとらえ、祖先を供養すべきだという観念が、そういった教団によって覚醒された。

しかし、都会生活においては多世代家族は激減し、若者の間では祖先祭祀は行われなくなってきている。社会全体のなかで、祖先崇拝の意識が希薄になってくれば、祖先の供養を奨励する教団の教えは、人々の心を動かさなくなる。事実、急成長を続けていた新興宗教教団の伸びは、止まってしまった。また、貧・病・争の諸問題も、家制度が崩れていくにつれ、新興宗教の教団の中心をなしていた中年の女性たちの最大の悩みであった家庭内における人間関係のトラブルが深刻さを失い、彼女たちが、法座などの集まりに逃げ場を求める必要はなくなってきた。一方、貧乏だった人々は、いまやすべからく中流化してしまい、富の蓄積のためにお陰を説いても、魅力がなくなってしまった。さらに、病気に関しても、医学の進歩と医療保険制度の普及のために、教団に問題解決を求めることは、少なくなってきた。

このような状況の中で、日本の新興宗教の勢力地図にも、構造的な変化が起こっている。日本の新々宗教のいくつか、ことに山岸会とオウム真理教をとりあげて、島田裕巳が、興味深い報告を行っている。島田は、「独房修行を行うオウム真理教の信者たちは、修行のために世俗の生活を捨ててきた出家者である。かれらの出家自体は、個人の自発的な意志に基づいて行われたもので、むりやり強制された者ではなかった。出家者がいくらきびしい修行を強いられたとしても、それを洗脳ということはできない。……信者のなかには、理科系の大学を卒業している者が多いという。……

多くは、工学部や理学部を卒業したあとに企業に就職した経験を持っていた。医学部や法学部を出て、医者や弁護士になった人間もいた。かれらは、エリートに属していたのだった。……オウム真理教ほどの小規模な教団に、高学歴のエリートがこれだけの割合で含まれていることは、注目すべきことである。これは、戦後に誕生した新興宗教の教団では考えられない。……修行のプログラムは、個人別になっていて、同じ一つの部屋で修行をしていても、他人と一緒にやることはない。経典を学んだり、マントラを唱えたり、あるいはアイ・マスクをかけて瞑想したり、さらにヨーガのポーズをとったりと思い思いの修行が続けられている。……テレビもラジオもなかった。ただし、信者たちはつねにウォークマンをしていた。しかし、かれらは、音楽を聞いているわけではなかった。尊師の説法をテープにダビングして、たえずその声に耳を傾けていた。かれらの頭のなかも、現世から遮断されていた。……信者たちは、社会のなかでエリートとして生き抜いていくことに疲れてしまったのであろう」と観察する。かつて、山岸会に参画した経験のある島田自身、その行為は、参画する時点では運動に一生を捧げるつもりだったが、実は一時的な出家であった、と回想するのである。

若者たちに家出の機会を提供する新々宗教は、島田の観察では、かつて全国の村々に存在していた若者組の現代版である。伝統的な社会における若者組は衰えていったが、近代社会においても、それにかわるさまざまな集団がうまれた。戦前では、軍隊がそれにあたった。あるいは、旧制の高等学校は、男だけの集団をつくりあげ、若者組に近いかたちをとっていた。戦後においては、左翼の政治組織やサークル活動がその代替物になった。大学の体育会系のクラブにも同じことがいえる。そして、戦後に教勢を伸ばした新興宗教の団体も、青年のための組織作りに力をいれた。

山岸会やオウム真理教などのような、現代の出家主義の小規模教団は、高度に合理主義的な社会の影として生まれた。これらの教団は、合理主義のこの世の社会からの落ちこぼれを拾い上げるという、機能を果たしている。既成宗教も、新興宗教も、人間に限界を自覚させ、その自覚を踏まえて、欲望の追求に折り合いをつけている。古来から今日にいたるまで、さまざまな宗教が開発してきた禁欲、修行、節制といった徳目は、人々が欲望を制御して、宗教的に生きがいを充実させるための、重要なデバイスであったと考えられる。

参考文献

マックス・ウェーバー『プロテスタンティズムの倫理と資本主義の精神』（梶山力・大塚久雄訳）上・下、岩波文庫、一九五五年

Robert Bellah, Charles Glock, eds., *New Religious Consciousness*, University of California Press, 1976

Francis Fitzgerald, *Capitol on a Hill*, Simon & Schuster, 1976

岸本英夫『宗教神秘主義』大明堂、一九五八年

金井新二『ウェーバーの宗教理論』東京大学出版会、一九九一年

星野英紀『巡礼』講談社、一九八一年
ヤン・スィンゲドウ『日本人との旅』日本基督教団出版局、一九八三年
宮家準『民俗宗教学』東京大学出版会、一九九〇年
島田裕巳『いま宗教に何が起こっているのか』講談社、一九九一年

14 寂静

宗教の伝統の中には、欲望を禁圧するとそのためにエネルギーが高まるからこれを善用するという発想とともに、これをも超えて、このエネルギーを含めて人間の欲望を内面に鎮めてしまい、もっぱら大いなるものを待つことがもっとも重要だという発想が存在する。洋の東西における、このような発想のあり方を展望する。

寂静主義

宗教的な寂静主義は、聖なるものが全面的に活動するように、人々のはからいや努力を抑えて、寂静を保つこと、すなわちたましいをもっぱら受身にすることこそ、完全にいたる道だと主張する。寂静主義的な要素は、仏教や東洋の宗教の主流として、またイスラム教やキリスト教の異端として、さまざまな形で現れた。

キリスト教の伝統の中で特に顕著な寂静主義の事例としては、一七世紀にイタリーとフランスで流行し、異端として弾劾されたミゲル・デ・モリノス（一六二八〜九六）の主張と運動があげられる。モリノスによれば、キリスト者が完全にいたる道は内面的な黙想の道であり、神の助けをえて誰でもそこにいたることができ、それは長く、一生でも続くものである。働きかけようと願うことは、人々の中のすべてのことをなそうと望んでおられる神に対する冒瀆である。働きかけようと願わないことは、たましいをその根本、聖なるものに立ち返らせ、聖なるものに転換する。唯一の実存である神は、この神秘的な転換を経験した人々のたましいの中で生き、治められる。人々の意志は取り上げられているのだから、人々は、神が意志することのみを意志することができる。人々は、救済などにかかずらうべきではなく、すべてを神に委ねるべきである。人々は、通常の信仰行為に努める必要はない。人々は、たましいとまことを以て神を拝むのだから、聖画や聖像をもちいることは、すべてやめるべきである。モリノスは、このような説をとなえて一六六三年にローマに行き、多くの支持者をえたけれども、その説は教皇庁によって有害とみなされ、一六八五年に教皇庁警察によって逮捕され、一六八七年に有罪と断定され、終身禁錮刑に処された。

プロテスタントの寂静主義の事例としては、クェーカーの立場があげられる。クェーカーは、一七世紀に始められたイギリスの急進的ピューリタンの一派で、創始者ジョージ・フォックス（一六二四～九一）は、一六四七年に神の声を聞いて、以後布教活動に専念した。フォックスは、たましいの新しい時代について説教し、人々に「内なる光」に基づく宗教生活を勧めた。クェーカーは、聖霊を重んじ、神と人々のたましいとの直接的な関係によってもたらされる回心をなによりも重視する。静かに聖霊を待つクェーカーにとって、生者は、聖霊ほどの重要性を持たず、秘蹟もまた捨てさるべきものになった。クェーカーは、聖霊主義者として異端のレッテルを貼られ、長い迫害の歴史をたどったのである。

寂静主義の世界においては、すべての音が断ち切られた「沈黙」の状態が重視される。沈黙の中での祈りや、神を待つ人々のこもりが宗教行為の目的とされる。超越的な聖なるものに到達することは、究極的には超越的なものから与えられる「福音」を待つほかに道はない。それを待つために、寂静主義の世界においては、「沈黙」に価値が置かれる。

人々は、聖なる世界に接するために多様な手段に訴える。祈りも、呪術も、祭りも、儀礼も、神話も、すべては聖なる世界に接するための人々の営みである。しかし、宗教の世界には、人々からの働きかけを超えた、超越的な、聖なるものを、偏に待つという姿勢が重視される領域がある。キリスト教の修道院でも、仏教の専門道場でも、日常的な会話は極力避け、沈黙と祈りに専念することが修道者に求められる。一〇世紀のクリュニー修道院での典礼規則では、「沈黙が特に厳しく命じられ、祝日には終日廻廊での沈黙が遵守され」たという。禅宗では、不立文字《ふりゅうもんじ》を説くのであって、沈黙の重視は、禅宗での修行の場合にも変わらない。禅の修行は、悟りを目指すいとなみであり、修行者である雲水《うんすい》たちは、俗世間から隔離された環境の中で、修行の毎日を送る。そこでは、生活のすべての側面が修行ととらえられ、食べることや眠ること、掃除や洗濯といった事柄すべてに一定の作法がともない、雲水たちはその作法を守って生活する。生活は極めて簡素で、朝早くからの坐禅や読経《どきょう》で一日が始まり、そういった行が一日中続く。禅寺でも、沈黙は厳しく遵守され、不必要な言動は戒められる。

ひるがえって、仏教の教えの根本は、知恵を磨き、修行を積んで、迷いや煩悩を断ち切り、一切の苦、束縛、輪廻から解放されたさとりの境地にいたることであった。このさとりの境地は、涅槃であり、パーリ語の nibbana およびサンスクリット語の nirvana の原義では、「炎が消えて滅びた」状態の意味である。ちょうど風が炎を吹き消すように、燃えている煩悩の火がさとりによって消滅し、すべての苦悩のなくなった状態を指す。その状態で、寂静な安楽の境地、涅槃寂静が実現する。これを、永遠の平安、完全な平和、絶対な安らぎなどと表現するのである。

ブッダが体得し、人々に説いたこの教えは、仏教の発展とともに、分析解釈が加えられた。修行者がどれほど努力しても、この世に生存して肉体を維持している限り到達しうる境地は不完全であって、死後に初めて完全な涅槃にいたるという考えがうまれ、また大乗仏教においては、涅槃という特別の境地があるのだという考えを超えて、涅槃は有でも無でもなくて空であり、日常の生活の中にその実現を目指すにいたった。

われわれの身近に行われる茶道は、このような仏教の考え方、ことに禅寺の影響を強く受けている。茶室は、外界から隔離した空間として構成されている。茶室の周囲の露地は自然界の象徴であり、茶会に招かれた客は、周辺の自然の世界を通り抜けて、茶室という独立の世界に辿り着く。客を待ち受けているのは小さな「にじり口」であり、それは自然の世界から際立せられた世界との接点である。岡倉天心は、『茶の本』の中で、「……客は低くかがんで、高さ三尺ぐらいの狭い入り口(にじり口)からにじってはいる。この動作は、身貴きも卑しきも同様にすべての客に負わされる義務であって、人に謙譲を教え込むためのものであった。席次は待合で休んでいる間に定まっているので、亭主は客が皆着席して部屋が静まりきり、茶釜にたぎる湯の音を除いては何一つ静けさを破るものもないようになって、初めてはいってくる。茶釜は美しい音をたてて鳴る。特殊のメロディーを出すように茶釜の底に鉄片が並べてあるから。これを聞けば、雲に包まれた滝の響きか岩に砕ける遠海の音か竹林を払う雨音か、それともどこか遠き丘の上の松籟《しょうらい》かとも思われる」と述べている。

茶室の中では、人間の立居振舞は形式化され、亭主と客人とがともに演じる者であると同時に見る者である。沈黙の中から立現れてくる微かな音は、甘美な感覚を与える。俗世間から離れた、聖なる空間の中に聞こえてくる豊かな神秘と出会うために、人々は、沈黙の時間に埋没するのである。

神秘主義

神、至高の存在、宇宙の根本理法など、究極的、絶対的なものを、直接に受け止め、それと合一する体験を、神秘体験と呼んでいる。このような体験を中心として展開する宗教体系は、神秘主義と呼ばれる。

神秘主義は、エルンスト・トレルチによれば、キリスト教の宗教理念が組織化される基本的な類型の一つで、教会およびセクトとならぶものである。トレルチは、「神秘主義は、魂におけるキリストの直接的現在への信仰、奇蹟を働き、直接的な神の啓示を蔵するキリストの聖霊降臨への信仰である。神秘主義は、キリストをその肉によって知るのではなく、内面で感得する神との合一として、救済の神秘的な現実ないし力として知るのである。それは、歴史も、共同社会も、祭儀も必要としないのであり、これらすべてを内面化して、自己の宗教生活への刺激にする。神秘主義は、修道院または宗教上の達人を中心とする自由なグループといったこのような生活のための小さな情誼《じょうぎ》的な共同社会を生み出す」という。

「神秘主義」に相当する英語の mysticism という言葉は、「目または口を閉じる」という意味のギリシャ語の myein に由来する。それは、見たり、述べたりする日常的、合理的認識の領域を超えている。その経験は、深い感銘を受けると言葉を失うことが多いことによっても察せられるように、表現を絶するような経験に関連しているが、そのような経験は、超越的なものとの直接的合一を基礎として成立する。そうした意味での神秘主義は、キリスト教にしか見られないわけではなく、仏教やイスラム教のような世界宗教はもとより、民族宗教や未開社会の宗教にも認められる。

神秘主義をもっともよく特色づけるものは、通常のことばでもっては言い表し難く、その意味で秘密に満ちているが、体験者自身にとっては、確実なできごとであり、論証を必要としない、ということである。自己が直接に、無限の大きさと力を持つ確かなものにふれ、鮮烈な感銘の中で、それまで知らなかった、より高い、より深い生命の境地が開けてくる。

ウィリアム・ジェームスは、神秘体験を、四つの項目に分けて説明した。第一は、言い表しようがないということ、それは自分で直接に経験しなければわからないということである。第二は、真理の深みを洞察する、認識的性質のものであるということである。第三は、神秘的状態は長い時間続くものではなく、暫時的性質のものであるということである。第四は、自分の意志は働くことをやめてしまって、ある高い力によってつかまれるように感じる、受動的性質のものであるということである。

神秘体験を当事者が自覚的に直視して、これを表現し、解釈し、説明しようとするいとなみの中から、神秘思想が形成される。一旦形成された神秘思想は、人々を神秘体験に導くための指針としての役割をはたすようになる。神秘体験それ自体は、各自が自ら体験するほかない性質のものであるが、それを求める人々に、その内容や進むべき方向を指示して、準備の状況を整えさせようとするのである。そこで、神秘修行の階梯化が行われることになる。

修行が進み、境地が展開していく過程、ないし神秘階梯について、ジェームスは、四つの段階を区別している。第一は、神秘的合一に達するための心身の調整が行われる準備の段階で、世俗の生活を離れ、禁欲を守り、たましいの浄化に努める段階である。第二は、浄められたたましいに神的なものが現れてくる段階で、たましいは自らを超越的な存在の世界の中に見出す。第三の段階では、たましいは、超越的な存在と合一して、言葉を失い、脱我恍惚の状態となり、超越的な存在のみが現前する。この合一の境地は、持続するものではないし、自らの努力で何時でも入れるものでもないので、「魂の闇夜」と呼ばれる状態が起きる。それを克服してさらに高次の宗教的生命を得るのが第四の段階である。この階梯は、日常性から超脱し、非日常的な神秘的合一の経験を経て、再び日常性に帰るのであるが、再び日常性に戻ってきた時には、一段高い宗教的生命に到達しているという構造になっている。

「使徒行伝」のパウロがダマスコへの途上で光の中にイエスの声を聞いたという記述は、神秘体験の典型とされている。「ガラテヤ人への書」の「最早われ生くるにあらず、キリスト我が内に在りて生くるなり」という言葉、そして「コリント人への後の書」の「人もしキリストに在らば、新に造られたる者なり、古きは既に過去り、視よ新しくなりたり」という言葉は、神秘体験のこうした展開の階梯をよく示しているといわれる。パウロが死んだイエスの声を聞いただけならば、これは幻覚と幻聴にすぎないが、宗教的な神秘体験においては、その時律法主義者としてのパウロは死んで、キリストとともに蘇ったのである。しかもパウロがイエス・キリストを信じる者として新たな生命を得たという体験は、パウロだけのものにとどまらない。誰であっても、「キリストにあって生きる」ならば、人間が根底から造りかえられ、新たな存在の次元に達するというのである。

神秘体験は、異常な精神現象を中核とするが、そうした直接体験にとどまるものではなく、人間の根本的な在り方、人格の形成にかかわる。神秘的合一の経験は、神秘主義全体にとって中心的な位置を占めるけれども、それは水に投じられた石が波紋を描くその中心の衝撃のようなもので、神秘体験は幾重にも広がって行く波紋の全体である。古今東西の神秘主義において本当に目指されていたものは、人間の宗教的な在り方としてもっとも本質的なものである自我性の滅却と、さらにそれを通して超越的なものに基礎づけられた新たな生命を開くということにあったと考えられる。

修道院と専門道場

神秘的合一の経験は、まず第一に世俗の生活を離れ、禁欲を守り、魂の浄化に努める心身の調整が行われる準備の段階を必要とするので、そのような条件整備のために、世俗外禁欲の制度化が起きてくる。それは、キリスト教の修道院や仏教の専門道場、道教の道観、あるいはイスラム教徒が集まってズィクルを行うザーウィアなどさまざまな形態をとっているが、通常、山中や洞窟など人里離れた静寂な場所に造られている。修道院ないし僧院は、それぞれの宗教的理想に基づいて戒律ないし清規《しんぎ》と呼ばれる厳しい規則を設け、戒律的生活を法的規範によって統括し、追放や体罰などの制裁を制度化するのであって、その基本となるものは、清貧、貞潔、柔順の三つの誓願である。それは、世俗的、現世的な理想である物質的な富、子孫の繁栄、思想、表現などの自由を自ら放棄し、より高い理想の実現を目指す理念の制度化である。

制度化が定着すると、修道院などに居住している厳しい戒を守り修行に専念する修道者は宗教的エリートとして尊崇され、その功徳は衆におよぶものと信じられ、在俗信者は、自己の罪償を消滅するための代償行為として修道院や専門道場へ寄進をする仕組みができてくる。たとえばベネディクトゥスは、修道者にたいして、「主にたいする奉仕のための訓練」として、戒律を守り、労働と祈りによる福音にもとづいた自己の向上を目指して、一か所に定住して共同生活を営むことを求めて「ベネディクト修道規則」を設けたが、この序と七三章からなる規則の第四章には、神への敬愛、隣人愛、不姦淫、不盗、修道院長への服従などが掲げられていた。また仏教の出家者も、少欲知足《しょうよくちそく》を標榜して乞食《こつじき》生活を理想として、個人の所有物は三衣《さんえ》一鉢《いっぱつ》に限定し、徹底的に財産の私有を否定する理念に従うものとされた。修道者の生活は、世俗生活の外に制度化された宗教的禁欲の生活であった。

宗教的禁欲の生活は、ジェームスによれば、清浄さにたいする愛、聖なるものへの自己犠牲、贖罪《しょくざい》の証しへの希求などを原因として触発される。こうした禁欲的生活を営む修道者や聖者は、肉体的な次元で受ける苦しみと引き換えに、信仰の情熱を証明し、心の平安と憩いを求めた。ジェームスは、禁欲がこの方向に進むと、それは神との融合を目指す手段として位置づけられ、たとえば中世のカトリックやヨーガの体系においては、定式化された神秘階梯の一段階に位置づけられる、と説明したのである。

内面化

深みのある神秘主義的な宗教生活も、禁欲を柱とする修道院生活も、さらには教会を中心とする在俗信者の宗教生活も、現代社会においては、いずれも衰微し、一般に世俗化と呼ばれる現象がおきている。急激な社会的、文化的変動が宗教の終りを予言するようにさえ見え、そして一部のキリスト教神学者がこうした変動を積極的に評価しようとしたという状況のもとで、一九六〇年代のヨーロッパにおける宗教現象の研究は、世俗化問題への関心を高め、多くの宗教社会学者が世俗化を宗教の衰微ととらえる考察を発表した。

ところが一九七〇年代になると、一種の宗教復興とも見られる新しい社会現象が起こり、社会学者の側からは、世俗化を非宗教化ととらえるにせよ、正しく理解された信仰の帰結として受け取るにせよ、宗教家の世俗化論があまりに一方的であることにたいする挑戦がおきてきた。宗教と社会変動のテーマについての議論においても、単純に世俗化を宗教の衰微と考える議論が再考され、社会における個人の位置という問題がますます重視されるようになってきた。多くの宗教学者が宗教の個人化、内面化、ないしは内心倫理化としての世俗化という見方に傾倒するようになった。その契機をつくったのがトーマス・ルックマン（一九二七〜）の『見えない宗教』についての議論である。

ルックマンは、宗教とは、宗教の歴史的社会形態以上のものであり、社会を維持するとともに、個人にアイデンティティーを与える全ての客観的、倫理的意味パターンのことであると考える。ルックマンは、ウェーバーとデュルケム双方の伝統を継承して、全ての社会に宗教は存在し、すべての人間は宗教的であると考えて、宗教の概念を教会志向型宗教という特殊な社会形態から外し、個人の場における宗教を強調した。

ルックマンによれば、新しく登場した宗教の社会的基盤は、「私の領域」に存在している。現代工業社会の標準的個人にとっては、究極的な意味はまずなによりも個人のプライベートな生き方のなかに存在していて、現代の聖なるコスモスは、個人の自立性の分節化を通じて個人に一種の聖なる地位を与えることを主題としている。現代社会においては、この主題は、内なる人間を意味するようになり、個人の自立性は、外部からの拘束や伝統的なタブーを剝ぎ取って、専らアイデンティティーの私的な探求を指すようになる。現代の聖なるコスモスにあっては、自己表現と自己実現とが、個人の自立性に関するもっとも重要なものとして現れてくるが、個人の行為は、たとえば性行動においても、第一次的に公的制度によって規制されるから、個人はただちに自己の自立性の限界を悟り、自己表現の探求を「私の領域」に限定するようになる。彼は、宗教制度がもはや宗教の準拠モデルを伝達するものでないことは明らかで、代わって数多くの「究極的」意味を示すオリジナル商品を並べて、「製品」の消費者を予測しながら、現代の聖なるコスモスによって究極的な意味を与えられた「個人」の注文にたいして競い合わなければならないというのである。

わが国で、宗教の世俗化が必ずしも社会の非宗教化を意味しないという立場をもっとも強く打ち出したのは、井門富二夫(一九二四〜)である。井門によれば、世俗社会は、社会学でいう都市社会化、産業社会化、複雑社会化というような概念をその基本形態とするものであり、また歴史学者が存在論的=自然法重視的世界から認識論的=自然権重視的世界への移り行きとよぶものでもあり、さらにハーベイ・コックスなどの神学者たちが人間が無自覚的に統合されていた権威から解放されて、自己ひとりが価値志向の方向を模索して行くような存在の様式と呼んでいた生活の内容を特徴としている。このような考え方に立ってわが国の宗教状況を検討した上で、井門は、世俗化とは、コミューナルなソサエティーの崩壊に伴って制度化された宗教が崩壊し、人々が自己の欲求や関心にしたがってアプローチしてくる宗教組織を待つようになる人口流動のある都市的な社会の出現を意味するという。そして井門は、都市社会において自由に結成され、かつ併立する宗教集団を「文化宗教」および「制度宗教」に対立するモデルとして「組織宗教」と呼び、それは、個人の内心倫理をその志向のままに組織して行く宗教集団であるというのである。

現代の個人化の動向は、欧米的個人主義においてその前例が見出されうるものの、二〇世紀まではただ宗教の専門家や篤信者だけを特徴づける現象であった。個人と超越的な存在との神秘的な合一をめざす個人の体験を極めて重視する場合でさえも、それは、制度として社会の中に定立したのであって、聖なるコスモスが個人に究極的な価値を与える現象は、まさに今、初めて、一般的になったのである。キリスト教は、カトリック、プロテスタントを問わず、少なくともヨーロッパにおいては、個人的な信仰がいかに強調されていたとしても、実際には最近まで、むしろ文化宗教の色彩を帯びていた。日本の新宗教の場合でも、アメリカやヨーロッパの場合でさえも、かつて社会的に公的な役割を果たしていた井門のいう「文化宗教」が衰微しつつあることは確かであるとしても、個人の信仰の興隆を強調しすぎるのも危険であるように思われる。

参考文献

ウィリアム・ジェームス『宗教的経験の諸相』（桝田啓三郎訳）岩波文庫、一九七〇年
トーマス・ルックマン『見えない宗教』（ヤン・スィンゲドウ、赤池憲昭訳）ヨルダン社、一九七六年

井門富二夫『世俗社会の宗教』日本基督教団出版局、一九七二年
今野國雄『修道院』岩波新書、一九八一年
竹村牧男『覚りと空』講談社現代新書、一九九二年

15 人間の営み

宗教現象を人間の営みとして、人々の織りなすいくつかの世界として認識する。さまざまな宗教現象に共感を保ちつつ、しかし理性的に、一歩距離をおいて研究する。比較宗教学は、信仰を深めるための学問ではなく、宗教を理解するための学問であるにとどまる。この章は、現代社会における宗教と倫理の相関関係を展望して、まとめとする。

倫理基盤の動揺

宗教現象を人間の営みとして認識し、共感を保ちつつ比較研究するてがかりとして、これまでの章では、比較宗教学の基本的な立場を明らかにし、その上で、すぐれて集団的な宗教の次元である神話、儀礼、宗教的な空間と時間およびその超越性の観念、宗教的な象徴としての神々、聖と俗の観念および浄化の行動、まつり、宗教集団の存在と聖職者および在俗信徒、救済を求めあるいは世俗内で行われる禁欲の課題、高度に個人的な宗教の次元である悟り、寂静、神秘体験などをとりあげてきた。こうした現象は、人間の行動に規範を与え、社会の秩序を根底において維持してきた。これらは、さまざまな宗教を横断して観察される主題であり、交差文化的に宗教を理解するために欠かすことのできない中心的な主題である。

ひるがえって、今日のわが国における宗教と倫理の状況は、どうなっていると考えるべきであろうか。

戦後のわが国の政治は、造船疑獄、日通事件、ロッキード事件、リクルート疑惑と相次ぐ汚職によって、政権の基盤が揺るがされてきた。さらに最近まで政治三流、経済一流といわれていた経済界も、イトマン、共和、佐川急便の疑惑、住友、富士、東海銀行などの不正融資、証券界による大口投資家への損失補塡など、反倫理的な事件が連続して発覚した。わが国における政治と経済のスキャンダル続きは、わが国の国民が私利私欲に埋没し、公共的責任ないし道徳の感覚を喪失していることを明らかにしている。

倫理基盤の動揺は、わが国に限られるものではない。二〇世紀の世界をリードしたアメリカにおいても、その指導理念であったキリスト教的モラルの失墜が著しい。伝統的に重視され、遵奉されてきたキリスト教的共同体における一夫一婦制の家庭の意義が軽視され、極端な個人主義と婦人の権利の主張の高まりの中で離婚と婚姻外の性的関係の日常化を招いている。人生の目的を経済的成功に集約する人々が増加し、聖書的共同体における他者への思いやりが忘れられ、利己主義ないし利益追及主義がはびこっている。さらには、麻薬の蔓延によって示唆されるように、疎外と逃避の傾向も広がっている。

視野を広げて考えて見ると、公的な忠誠心の構築は、近代国家の構築において、大きな役割を担っていた。フランス革命によって示された、自由、平等、博愛といった目標やアメリカ独立革命とその建国を支えた民主主義の目標は、市民の公的な道義となり、公民としての活動の基準となり、アメリカ人の忠誠心の対象として確立した。ごく最近ついにソヴィエト連邦の崩壊とともに大きく揺らいでしまったマルキシズムのイデオロギーも、人々の達成目標を高く掲げ、各地の革命運動に権威を与え、二〇世紀の時代精神の一翼を担っていた。

共産党独裁のもとソヴィエト連邦がまだ一枚岩に見えた七〇年代に、デヴィッド・マーティンが、マルキシズムはどの程度まで宗教の機能的等物価になることができるか、と問うたことがある。マーティンは、マルキシズムは、ロシア正教会の迷信の要素と原始的で半ば呪術的な慣行を糾弾し、正教の教義が全部非科学的であるかのように宣伝するが、正教の儀礼が与える情感的な深まりと審美的な雰囲気のため、そして多くのロシア人が正教会に入ることはロシア社会の一員であることと同義語だと認識しているために、洗礼の儀礼は広範に行われており、正教とロシア民族性のかかわりあいは根強い、と指摘した。マーティンは、新しい形が古いものに上乗せされることができるかどうかは、たんなる類似性の問題ではなく、共通軸を捜し出すことができるかどうかの問題であり、その文脈においては、キリスト教は、自分自身の死を創始するだけでなくその再生をも創始するので、精神的自立性においても、究極的な訴えにおいても、二元論的であるが、マルキシズムは、究極的に社会を超越すると判断されるものをも、社会から自立した精神的な領域の分岐をも認めず、一元論的であるから、マルキシズムとキリスト教との間には、構造上の強い類似にもかかわらず、決定的な共通軸が不在である、と断定した。さらに、マルキシズムは、すべての矛盾を構造的な言語に配置してしまったので、構造的でない反抗を絶滅しようとすることによって、自己矛盾に陥らざるをえず、新しい「マルキシズムの教会」は、国教化された教会に近いものになり、自ら犯す欠点を説明する能力を欠いてしまう。ソヴィエト連邦自体がマルキシズム的な感覚において、自国の国民を神秘化するように組織され、権力を支配し、権限を行使する人々の特権を守るために、そして個人の自由権や情報の伝達へのあらゆる侵略を弁護するために、神秘化を必要とするようになった、と観察した。マーティンは、マルキストの社会は、巨大なセクトのように組織されており、すべての批判の始まりが宗教の批判にあると主張した一つの体制が、すべての批判の終焉であるような一種の疑似宗教になってしまったことは、一つのパラドックスである、と述べていた。

明治維新にはじまるわが国の近代化プロセスの中では、新しい国家の国民として自己の忠誠心をささげるべき対象として、「国体」という権威が作り出され、この権威を天皇が表象した。これは、意図的、操作的に構築された権威であったとはいえ、国民の道義の基本であり、国民の行動の基準であった。この人為的に構築された権威システムは、国民の忠誠の対象として天皇を措定し、学校教育を通じて全国民の間に浸透し、文化的な伝統と融合して、戦前、戦中における日本人の忠誠心の対象として定着していた。

ところが、今日、こうした権威に対する構えが、世界中で、根底から崩れ始めているように思われる。国体とか聖書的共同体といった存在とのかかわりあいの実感ばかりでなく、平和憲法とか民主主義を権威としてあがめ、あるいはそれらに反発するエネルギーも、化石化してきている。これらさまざまな共同体の権威の象徴とそれにともなう公的な、倫理感が滅失しているのである。それは、わが国においては、忠誠心の向け先の喪失の形において、アメリカにおいては、聖書的共同体へのコミットメントの希薄化の形において、そしてロシアにおいては、ロシア正教の復活の形において、現れている。

外国人から見た忠誠心

わが国の近代化を推進した権力者たちは、国体信仰を一種の疑似宗教として、創造し、組織化し、操作した。このプロセスについては、外国人による観察に基づく外国での出版物の記述の方がずっと面白い。それは、この微妙な問題は、外国人のみが、その過程を客観的に観察し、国外においてのみその研究成果を自由に公刊することができたからだと思われる。

外から見た国体論は、わが国の文武の官僚その他の権力者たちが、一八八〇年代の末期以降に、国体を一種の疑似宗教的な権威として作り上げ、国民の忠誠心の対象とするシステムを作り上げたのだと指摘する。このような見方は、バシル・ホール・チェンバレンの『新しい宗教の創造』(一九一二年)およびダニエル・クラレンス・ボルトムの『近代日本の宗教哲学』(一九二二年)ならびに同氏の『近代日本と神道国家主義』(一九四三年)などによって展開された。

一九二四年の排日移民法に代表されるように、戦前のアメリカ人の反日感情は、具体的な反日行動に高まり、ついに真珠湾攻撃にはじまる太平洋戦争にいたる。一九四一年一二月八日から一九四五年八月一五日までの日米戦争は、軍事力の衝突というにとどまらず、両国の公共的価値規範、すなわち国体の権威と民主主義の権威との衝突でもあった。したがって、国体ないし天皇および天皇制を基盤とする反民主主義的権威を破壊することは、戦後のアメリカ政府の対日政策においてはきわめて重要な課題になった。一九四五年から一九五二年まで続いたアメリカ軍を中心とする連合軍による日本占領は、アメリカ人の信奉する民主主義に根本的に背馳すると考えた国体の権威を、徹底的に破壊した。

日本人の権威に忠誠心を捧げる思考および行動の構造は、この激変の時期に、消え去ったのではなかった。国民が権威に対して忠誠を尽くすという構造は、忠誠の対象を、国体および天皇から占領軍および占領軍組織の最高権力者ダグラス・マッカーサーに移行したに過ぎなかった。

しかも、マッカーサー自身、自らの権威の維持のために、工夫をこらしていた。彼は、一九四五年九月二日の戦艦ミズーリ号上の降伏文書調印式において、平和の維持は根本的に神学的な問題であり、精神的再生と人間性の回復がその課題であると説き、占領の課題を軍事的、政治的な問題にとどめることなく、民族のコミットメントの問題としてとらえる姿勢を表明した。

また、天皇の宗教的権威の排除は、占領軍の宗教政策の一つの重要な要素であった。占領軍の政策実行者たちは、それを実現するために、天皇の権威の象徴的な移行を可視的に表示することがもっとも効果的だと考えた。権威の象徴の天皇からマッカーサーへの移行は、天皇からのマッカーサーへの表敬訪問、その意を受けての天皇の人間宣言、および天皇による全国巡回によって表示された。象徴的に、権威を剥奪され、人間となった天皇は、各地を親しく訪問することによって、敗者となった国民の前に威厳を失った「庶民的」な姿を表した。他方、権威を取得し、「神」となったマッカーサーは、勝者として天皇と並んだ新聞写真の「御真影」を提示した後には、秘匿され、内堀を隔てて皇居を見張るGHQに鎮座して、生殺与奪の権限をふるった。

わが国民は、新たなる権威となった占領軍とマッカーサーに対して、国体と天皇に対して示した忠誠心と全く変わることのない忠誠心を示したのであって、権威に対する構えは、全く変えることがなかった。さらに、マッカーサーが舞台から消え去り、占領が終了した後になっても、権威と忠誠心との関係構造は、継続した。すなわち、マッカーサーの退場以後は、たしかに忠誠心を捧げる対象は、変わった。ところが、心情左翼はもとより、マスコミも、国民の大半も、いわゆる平和憲法と民主主義を権威として崇め、功利的、利己的個人主義を正統化する根拠とされている。いいかえれば、わが国においては、公徳心を排除し、いわゆる平和憲法、個人主義、民主主義に対するいかなる批判をも許さない態度が、一種の疑似宗教的な権威の構造として、大手をふっているように思われる。

究極的な意味の喪失

アメリカ精神の中核は、個人主義だといわれている。アメリカの民主主義は、ベンジャミン・フランクリン（一七〇六〜九〇）のいう「セルフ・ヘルプ」を美徳として成立した。伝統的に、アメリカ人は、個人の自発的発意によって行動するが、それとともに、自らの行動を聖書的共同体の規範に従って自己規制し、そして公共的な習慣を遵奉してきた。

ところが、今日のアメリカ人の多くは、定式化されていた聖書的共同体の権威を見失ってしまっている。個人主義の中には、功利的個人主義、表現的個人主義、倫理的個人主義の三種類があるとされている。これらのうち、現代のアメリカ社会においては、功利的な個人主義と表現的な個人主義のみが極端に増殖し、聖書的共同体への帰属意識が欠けてきている。その結果、多くの人々が孤立化し、不安や孤独に悩むようになり、アメリカの民主主義の基盤であった個人主義と聖書的共同体の根底が、揺らいでいるといわれるのである。

わが国の国体信仰を的確に把握したのが外国人であったように、アメリカ民主主義の基本型を的確に表現したのも外国人であった。フランスの社会哲学者アレクシス・ド・トクヴィル（一八〇五～五九）が、一八三〇年代に、アメリカを旅行し、さまざまなアメリカ人と話しあい、アメリカ人の「心の習慣」がアメリカ民主主義の形成にどのようにかかわっていたかを描き出した。トクヴィルは、アメリカの民主主義がアメリカ人の個人主義に起因し、彼らの家族生活と宗教的伝統と地域政治への自発的参加が民主主義の維持に貢献することのできる人材を創りだしていると論じた。だがトクヴィルは、同時に、アメリカ人の国民性の特徴である個人主義がやがてアメリカ人を互いに孤立させ、民主主義の条件を侵蝕することになるだろう、という警告を発していた。

ロバート・ベラー等の研究書『心の習慣』は、現代アメリカ人の私的および公的な生活の典型的なあり方、幸福の追及のしかた、人生の意味付け方等を具体的に描写している。ブライアンは、人生の主たる意味を結婚と家庭に見いだし、マーガレットは、セラピーにそれを見いだしている。つまり、主として私的生活に関心を向けている。ジョーは、町の生活に対する積極的な関心を持つことによって、自分の人生に意味を見いだしている。ウェインもまた、政治活動に身を投じることで、共同体の生活とのアイデンティティーを見いだしている。つまり、共同体の生活を自分の生活の中に取り込んでいる。いずれにせよ、これら取り上げられたアメリカ人は、みな責任感に富み、立派な人々で、他者の世話もしている。ところが彼らのだれ一人として、自分の行為の究極的な意味を説明することができないでいる。

ベラーは、今日のアメリカ人の多くは、伝統的な個人主義と所与の聖書的共同体によって自らを意味付ける習慣を見失ってしまった、と考える。彼らは、市民としていかに積極的に地域社会に参加し、市民精神を保ち、どのように宗教と関与し、また国民として国にかかわるかについて、自分たちのスタンスを定めることができなくなっている。そのために彼らは、自分たちのコミットメントについて明確に理解し、説明することができなくなってしまったのだと考えるのである。

聖なるものと功利的個人主義の超克

功利主義的個人主義は、アメリカの個人主義の原型である。貧乏な少年の成功物語の原型であるベンジャミン・フランクリンは、功利的個人主義の原型であり、アメリカの国内でも国外でも、アメリカ人の典型と見なされてきた。フランクリンの焦点は、まったく私的な、個人の自己改良にしぼられていた。一八世紀末の、個人が自己の利益を力強く追及している社会には、社会的利益もまた自動的に出現してくると論じる者たちが現れた。これが純粋な形での功利的個人主義だったのである。

他方には、自己を内省し、自己を表現することを重視する、洗練された個人主義の系譜がある。ラルフ・ウォルドー・エマーソン（一八〇三〜八二）、ヘンリー・デヴィッド・ソロー、ナサニエル・ホーソーンなどは、富の追及を退け、自己を深く掘り下げ、育成することに価値をおいた。これらの人々の立場は、表現的個人主義というべきものであり、表現的個人主義をもっとも明確な形で代表したのは、ウォルト・ホイットマン（一八一九〜九二）であった。

第三の倫理的個人主義は、アメリカ文化に占める聖書的伝統の重要性によって裏付けられている。一七世紀のピューリタンの開拓地は、アメリカにおける多くのユートピア的共同体作りの努力の最初のものであった。そして、開拓地のピューリタンの精神が、アメリカの国造りの全体にユートピア的な色彩を与えた。アメリカにおいては、ピューリタンの聖書的共同体の伝統は、功利的個人主義および表現的個人主義を超越する、公的な領域と個人主義の接点を回復する手がかりになると考えられるのである。

アメリカ人にとって、個人主義と民主主義を基礎とする聖書的共同体の伝統は、きわめて大切なものである。アメリカ人の心の底にある聖書的共同体への思いは、人生を生きることに、またさまざまな個人や集団に質的な意味を与えてきた。どうすれば、かつて小さな町が体現していた聖書的共同体の伝統を、現在のニーズにあったやり方で生かし直すことができるのか。それが、今問われているのである。

ひるがえって、わが国の国体信仰が人為的に作られたものであったとしても、国体の護持と天皇の万歳に人生の目標を定めた当時の人々の忠誠心には、これが聖なるものであるという認識があった。そして、国体に代わって、平和憲法の護持と民主主義の危機を叫ぶ人々の心の習慣には、これらを聖なるものとして崇め、遵奉する姿勢が持続している。平和憲法の護持と民主主義の危機の叫び声は、一部の日本のインテリ層を儀礼的、呪術的に拘束する力を持っているが、すべての国民が各自主体的にコミットする聖なる共同体は、欠如しているのである。

一方、アメリカの個人主義が儀礼的パターンであるということは、ベラーのいうように、個人主義はそれ自体有無を言わせぬ儀礼的パターンであり、強力な文化的圧力によって押しつけられるものであって、内発的なものなどではありえない。功利的であれ、表現的であれ、倫理的であれ、個人主義は、聖なる拘束力を伴って、アメリカ人の考え方と行動の仕方を支配しているのである。

忠誠心なり、コミットメントなりが、社会において個人を拘束し、支配し、行動に赴かせるためには、それらが向けられる権威に、聖なるものとしての認識が付与されていなければならない。倫理的個人主義の存続は、アメリカにおける聖書的共同体の権威が聖なるものとして認識されていること、したがって倫理的個人主義の権威が聖なるものとしての地位を回復するであろう方向を示唆している。

戦後、わが国のサラリーマン社会では、国体の権威が失墜した後、会社の権威がそれに代わった。しかし、会社は、利益追及団体ではあっても、公的な倫理の維持を主たる目的とする団体ではない。会社が、どのような公的性格を持つようになるかが、わが国の今後の社会倫理の方向を占う上で、極めて重要になる。言いかえれば、会社の倫理性の自覚、ないし聖なるものとしての責任の自覚が、倫理復活の鍵を握っているのではないかと思われる。

今日、企業の社会的責任というと、音楽会やスポーツのスポンサーになって会社名を宣伝しまくるとか、慈善事業や学術研究に寄付をして企業の広報を飾るようなものばかりのようである。しかし、法人の設立とは、私的集団に対して公共善への奉仕の見返りとして公的権威を譲与することだという理念を確立すべきではないだろうか。そして、企業の社会的責任は、法人自体の構成要素に組み込むべきではないだろうか。

倫理的個人主義の普遍的なゴール

島薗進は、ロバート・ベラーの『心の習慣』の訳者あとがきに、「一直線に分離へと進んでいくゆきすぎた個人主義に対して、それとバランスをとり、再結合を可能にする実践や思考に係わる語としてコミットメントが用いられている。インディヴィデュアリズムに対する訳語、個人主義の方は、すぐ理解できる日本語となっている。これに対してコミットメントに対応する耳なれた日本語は見あたらなかった。コミットメントとは、市民として、個人としての責任を持った政治的倫理的実践をさす語であろう。「日本語版への序文」でベラーが述べている倫理的個人主義とは、コミットする個人を重んじる態度や考え方ということになる。コミットメントの訳語が見あたらなかったという事実は、日本における倫理的個人主義の未成熟ということと関係がある……」と述べている。

わが国における倫理的個人主義の未成熟は、普遍的な目標の欠落において顕著である。それは、工業製品に関しては自由市場主義を推奨しながら、農業産品に関しては安全保障を隠れ蓑にした市場閉鎖主義を主張するなど、主張の一貫性、普遍性を平然と無視して、論理を使い分けても恬として恥じないような、あさましい議論が相変わらず横行していることに、現れている。

現代日本人も、現代アメリカ人も、個人のレヴェルにおいても、集団のレヴェルにおいても、国家・政府のレヴェルにおいても、自分たちの利益を公共善に優先させるという罪を犯している。この罪は、アメリカ建国の父祖たちが根本的な罪と見なした罪である。そして、わが国の忠誠心の論理にも背馳する。しかし何人であろうとも、自らの尊厳と自立を維持するためには、他者の尊厳と自立のために奉仕する、倫理的個人主義の確立を欠くことはできない。

ひるがえって、わが国にも、倫理的個人主義の伝統があった。それは、「忠誠心」とよばれた。それは、個人としての独立性を保ちつつ、他者を愛し、他者のために自らを捧げるという心の習慣であった。今日、コミットメントの基盤が揺らいでいるのは、私的な分野の優先を強調する功利的個人主義と表現的個人主義が圧倒的に優勢となり、人々が顧みて恥を知る、心の習慣が崩れてきているためである。自己の存立のためには、個人がコミットしなければならない聖なる共同体を欠くことはできないのだということが、見失われてしまっているのである。日本人の公共性に復権がなるかどうかは、かつて忠誠心において表現されたような倫理的個人主義のパラダイムを回復できるかどうか、新たなるコミットメントの対象として伝統的な個別主義の主張を超越するグローバルな世界共同体の普遍原理を聖なるものとして確立することができるかどうか、にかかっている。

参考文献

ロバート・ベラー『心の習慣』(島薗進他訳) みすず書房、一九九一年
アレクシス・ド・トクヴィル「アメリカにおけるデモクラシーについて」松本重治編『中公バックス世界の名著40』中央公論社、一九八〇年
デヴィッド・マーティン『現代宗教のジレンマ』(阿部美哉訳) ヨルダン社、一九八一年
ウィリアム・P・ウッダード『天皇と神道』(阿部美哉訳) サイマル出版会、一九八八年
田丸徳善編『現代天皇と神道』徳間書店、一九九〇年
谷口茂『宗教の人間学』東京大学出版会、一九八〇年

文献解題（島田裕巳編）

A　概論

宗教学の概論となる書物は、宗教学の草創期から数多く出版されてきた。こういった書物は、宗教学の目的やその方法について学ぼうとする場合に役に立つ。したがって、宗教学を学ぼうとする学生は、少なくとも一冊は目を通しておくべきだろう。とくに、岸本英夫『宗教学』、脇本平也『宗教を語る』、柳川啓一『宗教学とは何か』『祭と儀礼の宗教学』が参考になろう。

『講座宗教学　1－5』（東京大学出版会　一九七七－七八）
岸本英夫『宗教学』（大明堂　一九六一）
小口偉一編『宗教学』（弘文堂　一九八一）
脇本平也『宗教を語る』（日新出版　一九八三）
柳川啓一『宗教学とは何か』（法蔵館　一九八九）
柳川啓一『祭と儀礼の宗教学』（筑摩書房　一九八七）
柳川・上田編『宗教学のすすめ』（筑摩書房　一九八五）
田丸徳善『宗教学の歴史と課題』（山本書店　一九八七）
岸本英夫編『世界の宗教』（大明堂　一九六五）
堀一郎編『日本の宗教』（大明堂　一九八五）
M・ミューラー『宗教学入門』（湯田豊他訳　昇洋書房　一九九〇）
J・ワッハ『宗教学』（下宮守之訳　東海大学出版会　一九七〇）
W・R・コムストック『宗教　原初形態と理論』（柳川啓一監訳　東京大学出版会　一九七六）
R・オットー『聖なるもの』（山谷省吾訳　岩波文庫　一九六八）

R・カイヨワ『人間と聖なるもの』（小苅米硯訳　せりか書房　一九六九）
R・カイヨワ『聖なるものの社会学』（内藤莞爾訳　弘文堂　一九七一）
M・エリアーデ『エリアーデ著作集　1－15』（せりか書房　一九七四－七五）
M・エリアーデ『永遠回帰の神話』（堀一郎訳　未来社　一九六三）
M・エリアーデ『聖と俗』（風間敏夫訳　法政大学出版局　一九七九）
M・エリアーデ『大地・農耕・女性』（堀一郎訳　未来社　一九七五）
M・エリアーデ『シャーマニズム』（堀一郎訳　冬樹社　一九七四）
M・エリアーデ『世界宗教史　1－3』（筑摩書房　一九九一）
エリアーデ、キタガワ編『宗教学入門』（岸本英夫監訳　東京大学出版会　一九六二）
J・M・キタガワ編『現代の宗教学』（堀一郎監訳　東京大学出版会　一九七〇）
ファン＝デル＝レーウ『宗教現象学入門』（田丸・大竹訳　東京大学出版会　一九七九）
『世界宗教史叢書　1－12』（山川出版社　一九八三－八九）

B　宗教哲学

岸本英夫は、宗教を対象とする宗教研究の枠組みの中で、宗教学と宗教哲学とを区別して考えている。宗教学が客観的な立場に立つのに対して、宗教哲学は主観的な立場に立つというのである。というのも、哲学は世界をいかに認識するかを問う試みであり、どうしても宗教的な世界観との関係が生まれてくるからである。

藤田富雄『宗教哲学』（大明堂　一九六六）
藤田富雄『哲学へのいざない』（大明堂　一九七八）
峰島旭雄『宗教と哲学の間』（北樹出版　一九八〇）
武藤一雄『神学と宗教哲学との間』（創文社　一九六一）

P・リクール『隠喩論　宗教的言語の解釈学』（麻生・三浦訳　ヨルダン社　一九八七）
F・スタール『神秘主義の探求　方法論的考察』（泰本融他訳　法政大学出版局　一九八五）
J・ヒック『宗教の哲学』（間瀬啓充訳　培風館）
J・ヒック『神は多くの名前をもつ』（間瀬啓充訳　岩波書店　一九八六）
J・ドレイパー『宗教と科学の闘争史』（平田寛・陽子訳　社会思想社）
P・ティリッヒ『組織神学Ⅲ』（土居真俊訳　新教出版社　一九八四）
G・バタイユ『宗教の理論』（湯浅博雄訳　人文書院　一九八五）
E・カッシーラ『象徴・神話・文化』（神野・薗田・中才・米沢訳　ミネルヴァ書房　一九八五）
S・K・ランガー『シンボルの哲学』（矢野万里訳　岩波書店　一九六〇）
W・デュルタイ『解釈学の成立』（久野昭訳　以文社　一九七三）
W・デュルタイ『生の哲学』（久野昭監訳　以文社　一九八七）
A・ラヴジョイ『存在の大いなる連鎖』（内藤健二訳　晶文社　一九七五）

C　宗教心理学

宗教心理学の研究は、回心の問題から始まった。その代表がジェイムズの『宗教的経験の諸相』であり、それは宗教体験の宝庫でもある。やがて、フロイトとユングとの影響によって、人間の集団的無意識の世界と宗教との関係が問われるようになった。神話もまた、無意識の投影として解釈されることとなったのである。

W・ジェイムズ『宗教的経験の諸相』（桝田啓三郎訳　岩波文庫　一九六九）
S・フロイト『フロイト選集改訂版　1－17』（日本教文社　一九六二－六四）
C・G・ユング『人間と象徴』（河合隼雄監訳　河出書房　一九七二）
C・G・ユング『心理学と錬金術』（池田紘一他訳　人文書院　一九七六）

C・G・ユング『神話学入門』(杉浦忠夫訳　晶文社　一九七四)
L・W・グレンステッド『宗教の心理学』(小口偉一・松本滋訳　社会思想研究会出版部　一九六一)
G・W・オルポート『個人と宗教』(原谷達夫訳　岩波書店　一九五三)
E・H・エリクソン『青年ルター』(大沼隆訳　教文館　一九七四)
エレンベルガー『無意識の発見』(木村敏他訳　弘文堂　一九八〇)
E・ノイマン『意識の起源史　上・下』(林道義訳　紀伊國屋書店　一九八四－五)
E・ノイマン『グレート・マザー』(福島章他訳　ナツメ社　一九八三)
J・キャンベル『千の顔をもつ英雄』(平田・浅輪監訳　人文書院　一九八四)
E・フロム・鈴木大拙『精神分析と禅』(東京創元社　一九六〇)
高木きよ子『ウィリアム・ジェイムズの宗教思想』(大明堂　一九七一)
石津照璽『宗教経験の基礎的構造』(創文社　一九八〇)
小野泰博『「救い」の構造』(耕土社　一九七七)
小野泰博『救いの論理　信仰治療史序章』(耕土社　一九七八)
湯浅泰雄『身体』(創文社　一九七七)
湯浅泰雄『日本人の宗教意識』(名著刊行会　一九八一)
松本滋『宗教心理学』(東京大学出版会　一九七九)
西山俊彦『宗教的パーソナリティの心理学的研究』(大明堂　一九八五)

D　宗教社会学

宗教社会学は、ウェーバーとデュルケムという二人の巨人の影響のもとに展開する。近年では、バーガーやルックマンの現象学的な社会学の影響が強い。日本においては、新(興)宗教の教団や教祖の研究が盛んに行われてきた。

M・ウェーバー『プロテスタンティズムの倫理と資本主義の精神』（梶山力・大塚久雄訳　岩波文庫　一九五五）
M・ウェーバー『宗教社会学論選』（大塚久雄・生松敬三訳　みすず書房　一九七二）
M・ウェーバー『宗教社会学』（武藤一雄・薗田宗人・薗田担訳　創文社　一九七六）
M・ウェーバー『宗教社会学論集　1－3』（みすず書房　一九八九）
M・ウェーバー『世界諸宗教の経済倫理Ⅱ　ヒンドゥー教と仏教』（深沢宏訳　日貿出版　一九八三）
M・ウェーバー『儒教と道教』（木全徳雄訳　弘文堂　一九七一）
M・ウェーバー『アジア宗教の救済理論』（池田昭訳　勁草書房　一九七四）
E・デュルケム『宗教生活の原初形態』（古野清人訳　岩波文庫　一九七五）
E・デュルケム『デュルケーム宗教社会学論集』（小関藤一郎編訳　行路社　一九八三）
E・デュルケム『分類の未開形態』（小関藤一郎訳　法政大学出版局　一九八〇）
T・F・オディー『宗教社会学』（宗像巌訳　至誠堂　一九六八）
J・M・インガー『宗教社会学　1－5（1・2のみ既刊）』（金井新二訳　ヨルダン社　一九八九－）
R・N・ベラー『日本近代化と宗教倫理』（堀一郎他訳　未来社　一九六六）
R・N・ベラー『社会変革と宗教倫理』（河合秀和訳　未来社　一九七三）
R・N・ベラー『宗教と社会科学のあいだ』（葛西実他訳　未来社　一九七四）
R・N・ベラー『破られた契約』（松本・中川訳　未来社　一九八三）
P・バーガー『聖なる天蓋』（薗田稔訳　新曜社　一九七九）
バーガー、ルックマン『日常的世界の構成』（山口節郎訳　新曜社　一九七七）
T・ルックマン『見えない宗教』（赤池憲昭・ヤン＝スィンゲドー訳　ヨルダン社　一九七六）
B・ウィルソン『宗教セクト』（池田昭訳　恒星社厚生閣　一九九一）

B・ウィルソン『現代宗教の変容』(井門富二夫・中野毅訳　ヨルダン社　一九七九)
S・ローザック『対抗文化の思想』(稲見・風間訳　ダイヤモンド社　一九七二)
H・N・マクファーランド『神々のラッシュアワー』(内藤・杉本訳　社会思想社　一九六九)
H・R・ニーバー『アメリカ型キリスト教の社会的起源』(柴田史子訳　ヨルダン社　一九八四)
R・ロバートソン『宗教の社会学』(田丸徳善監訳　川島書店　一九八三)
H・コックス『愚者の饗宴』(志茂望信訳　新教出版社　一九七一)
竹田聴洲『日本人の宗教と「家」』(評論社　一九七五)
内藤莞爾『日本の宗教と社会』(お茶の水書房　一九七八)
井門富二夫『神殺しの時代』(日本経済新聞社　一九七四)
柳川啓一編『現代社会と宗教』(東洋哲学研究所　一九七八)
柳川・安斎編『宗教と社会変動』(東京大学出版会　一九七九)
村上重良『教祖』(読売新聞社　一九七五)
村上重良『新宗教』(評論社　一九八〇)
沼田健哉『現代日本の新宗教』(創元社　一九八八)
島薗進『現代救済宗教論』(青弓社　一九九二)
ヤン＝スィンゲドー『「和」と「分」の構造』(日本基督教団出版局　一九八一)
『新宗教の世界　1－5』(大蔵出版　一九七八－七九)
井上順孝『海を渡った日本宗教』(弘文堂　一九八五)
中牧弘允『新世界の日本宗教』(平凡社　一九八六)
中牧弘允『日本宗教と日系宗教の研究　日本・アメリカ・ブラジル』(刀水書房　一九八八)

E　宗教人類学

宗教人類学は、原始未開社会の研究から始まる。当初は、そういった社会における宗教に、宗教の原初形態を見いだそうとする研究が行われた。近年では、儀礼や祭儀、あるいは神話に見られる象徴についての研究が進んでいる。

J・G・フレーザー『金枝篇　1－5』(永橋卓介訳　岩波文庫　一九五一－五二)
R・R・マレット『宗教と呪術』(竹中信常訳　誠信書房　一九六七)
レヴィ＝ブリュル『未開社会の思惟』(山田吉彦訳　岩波書店　一九六七)
ラドクリフ・ブラウン『未開社会の構造と機能』(青柳まちこ訳　新泉社　一九七五)
エバンス＝プリッチャード『宗教人類学の基礎理論』(佐々木宏幹他訳　世界書院　一九六七)
エバンス＝プリッチャード『ヌアー族の宗教』(向井元子訳　岩波書店　一九八二)
E・B・タイラー『原始文化』(比屋根安定訳　誠信書房　一九六二)
L・メア『妖術』(馬淵東一他訳　平凡社　一九七〇)
B・ベッテルハイム『性の象徴的傷痕』(岸田秀訳　せりか書房　一九七一)
R・エルツ『右手の優越』(吉田・内藤訳　堀内出版　一九八〇)
ファン・ヘネップ『通過儀礼』(綾部恒雄・裕子訳　弘文堂　一九七七)
M・モース『社会学と人類学　1、2』(有地享他訳　弘文堂　一九七三)
M・モース、H・ユベール『供儀』(小関藤一郎訳　法政大学出版局　一九八三)
レヴィ＝ストロース『構造人類学』(荒川幾男他訳　みすず書房　一九七二)
レヴィ＝ストロース『野生の思考』(大橋保夫訳　みすず書房　一九七六)
レヴィ＝ストロース『今日のトーテミズム』(仲沢紀雄訳　みすず書房　一九七六)
V・ターナー『儀礼の過程』(富倉光雄訳　思索社　一九七六)

M・ダグラス『汚穢と禁忌』（塚本利明訳　思潮社　一九七二）
E・リーチ『文化とコミュニケーション』（青木・宮坂訳　紀伊國屋書店　一九八一）
E・リーチ『神話としての創世記』（江河徹訳　紀伊國屋書店　一九八〇）
E・リーチ『聖書の構造分析』（鈴木聡訳　紀伊國屋書店　一九八四）
E・リーチ『象徴と社会』（梶尾景昭訳　紀伊國屋書店　一九八一）
N・コーン『千年王国の追求』（江河徹訳　紀伊國屋書店　一九七八）
I・ルイス『エクスタシーの人類学　憑依とシャーマニズム』（平沼孝之訳　法政大学出版局　一九八五）
C・ギアーツ『文化の解釈学　1、2』（吉田・柳川・中牧・板橋訳　岩波書店　一九八七）
C・ギアーツ『ヌガラ』（小泉潤二訳　みすず書房　一九九〇）
G・オベーセーカラ『メドゥーサの髪』（渋谷利雄訳　言叢社　一九八八）
M・フォーテス『祖先崇拝の論理』（田中真砂子訳　ぺりかん社　一九八〇）
M・メトカーフ『死の儀礼　葬送習俗の人類学的研究』（池上・川村訳　未来社　一九八五）
G・レック『トラロクの影のもとに』（島田裕巳訳　野草社　一九八一）
M・グリオール『水の神』（竹沢尚一郎他訳　せりか書房　一九八一）
F・シュー『比較文明社会論』（作田・浜口訳　培風館　一九七〇）
古野清人『原始宗教』（角川新書　一九六五）
古野清人『原始宗教の構造と機能』（有隣堂　一九七一）
吉田禎吾『呪術』（講談社現代新書　一九七一）
吉田禎吾『宗教人類学』（東京大学出版会　一九八四）
竹中信常『タブーの研究』（山喜房仏書林　一九七七）
蒲生正男『現代文化人類学のエッセンス』（ぺりかん社　一九七八）

川田順造『無文字社会の歴史』（岩波同時代ライブラリー　一九九〇）
山口昌男編『未開と文明』（平凡社　一九六九）
山口昌男『人類学的思考』（筑摩叢書　一九九〇）
山口昌男『アフリカの神話的世界』（岩波新書　一九七一）
山口・ターナー編『見世物の人類学』（三省堂　一九八三）
橋爪大三郎『はじめての構造主義』（講談社現代新書　一九八八）
佐々木宏幹『シャーマニズム』（中公新書　一九八〇）
青木保『タイの僧院にて』（中公文庫　一九七九）
青木保『儀礼の象徴性』（岩波現代選書　一九八四）
竹沢尚一郎『象徴と権力』（勁草書房　一九八七）
中根千枝『社会人類学　アジア諸社会の考察』（東京大学出版会　一九八七）
浜口・公文編『日本的集団主義』（有斐閣　一九八二）
青柳真智子『モデクゲイ　ミクロネシア・パラオの新宗教』（新泉社　一九八五）
綾部恒雄『クラブの人類学』（アカデミア出版会　一九八八）
綾部恒雄『秘密の人類学』（アカデミア出版会　一九八八）
大貫恵美子『日本人の病気観』（岩波書店　一九八五）
長島信弘『死と病の民族誌　ケニア・テソ族の病因論』（岩波書店　一九八七）
上田紀行『スリランカの悪魔祓い』（徳間書店　一九九〇）

F　日本の宗教

日本における宗教については、個別の宗教について研究したものと、全般を扱ったものに二つに分かれる。後者は、おもに民俗学の分野で研究されてきた。民俗学においては、柳田国男と折口信夫の影響が大きい。また、社会学や人類学、あるいは歴史学の立場からの研究も盛んに行われている。

『講座日本の民俗宗教　1－7』（弘文堂　一九八〇）
『日本民俗文化体系　1－13』（小学館　一九八三－八五）
『定本柳田国男集　1－31』（筑摩書房　一九六二－六四）
『折口信夫全集　1－28』（中央公論社　一九六五－六八）
『古野清人著作集　1－7』（三一書房　一九七三－七四）
『関敬吾著作集　1－9』（有精堂　一九八〇－八二）
『高取正男著作集　1－5』（法蔵館　一九八二）
『宮本常一著作集　1－51』（未来社　一九六八－）
宇野円空『宗教民俗学』（創元社　一九四九）
堀一郎『民間信仰』（岩波全書　一九五一）
堀一郎『わが国民間信仰史の研究』（創元社　一九五三－五五）
堀一郎『日本宗教史研究』（未来社　一九六二－六三）
堀一郎『日本宗教の社会的役割』（未来社　一九六二）
堀一郎『日本のシャーマニズム』（講談社現代新書　一九七一）
岸本英夫『岸本英夫集　1－6』（渓声社　一九七五）
岸本英夫『宗教神秘主義』（大明堂　一九五八）
岸本英夫『死を見つめる心』（講談社　一九六四）
益田勝実『火山列島の思想』（筑摩書房　一九六八）
益田勝実『秘儀の島』（筑摩書房　一九七六）

高取正男『日本的思考の原型』（講談社現代新書　一九七五）
山折哲雄『日本宗教文化の構造と祖型』（東京大学出版会　一九七六）
桜井徳太郎『霊魂観の系譜　歴史民俗学の視点』（筑摩書房　一九七七）
宮田登『神の民俗誌』（岩波新書　一九七九）
宮家準『宗教民俗学』（東京大学出版会　一九八九）
倉林正次『祭りの構造』（NHKブックス　一九七五）
岩崎・倉林他編『日本祭祀研究集成　1－6』（名著出版　一九七六－八）
石上善応『地獄と人間』（朝日新聞社　一九七六）
井之口章次『日本の葬式』（筑摩書房　一九七七）
田中久夫『祖先祭祀の歴史と民俗』（弘文堂　一九八六）
藤谷俊雄『「おかげまいり」と「ええじゃないか」』（岩波新書　一九六八）
青木保『御岳巡礼　現代の神と人』（筑摩書房　一九八五）
島津伝道『羽黒派修験道提要』（名著出版　一九八五）
鎌田東二『神界のフィールドワーク　霊学と民俗学の生成』（創林社　一九八五）
鎌田東二『翁童論』（新曜社　一九八八）
小松和彦『異人論　民俗社会の心性』（青土社　一九八五）
坪井洋文『イモと日本人』（未来社　一九七九）
柳川啓一『現代日本人の宗教』（法蔵館　一九九一）
中牧弘允『宗教に何がおきているか』（平凡社　一九九〇）
島田裕巳『いま宗教に何が起こっているのか』（講談社　一九九一）
上之郷利昭『教祖誕生』（新潮社　一九八七）

吉田司『宗教ニッポン狂騒曲』(文藝春秋　一九九〇)
朝日新聞社会部『現代の小さな神々』(朝日新聞社　一九八四)
毎日新聞社編『宗教を現代に問う　1－5』(毎日新聞社　一九七六－七七)
毎日新聞社編『宗教は生きている　1－3』(毎日新聞社　一九七八－八〇)
村上重良『日本百年の宗教』(講談社現代新書　一九六八)
井門富二夫・吉田光邦編『日本人の宗教』(淡交社　一九七〇)
宮家準『生活の中の宗教』(NHKブックス　一九八〇)
家永・小口・川崎・佐木編『日本宗教史講座　1－4』(三一書房　一九五九)
比屋根安定『新版日本宗教史』(日本基督教団出版局　一九六二)
川崎・笠原編『体系日本史　宗教史』(山川出版社　一九六四)
田中元『古代日本人の世界　仏教受容の前提』(吉川弘文館　一九七二)
渡部正一『日本古代・中世の思想と文化』(大明堂　一九八〇)
R・ベネディクト『菊と刀』(長谷川松治訳　社会思想社　一九七二)
C・ブラッカー『あずさ弓』(秋山さと子訳　岩波現代選書　一九七九)
J・F・エンブリー『日本の村　須恵村』(植村元覚訳　日本経済評論社　一九八八)
R・J・スミス『現代日本の祖先崇拝　上・下』(前山隆訳　御茶の水書房　一九八一－八三)
H・オームス『祖先崇拝のシンボリズム』(弘文堂　一九八七)

G　日本における神道、儒教、仏教、キリスト教

日本における個別の宗教、神道、儒教、仏教、キリスト教の展開について扱った書物を紹介する。

村岡典嗣『日本思想史研究』(創文社　一九五六－六二)

村岡典嗣『神道史』(創文社　一九五六)
原田敏明『神社』(至文堂　一九六六)
高取正男『神道の成立』(平凡社　一九七九)
真弓常忠『神道の世界　神社と祭り』(朱鷺書房　一九八四)
安蘇谷正彦『神道思想の形成』(ぺりかん社　一九八五)
上田賢治『神道神学　組織神学への序章』(大明堂　一九八六)
薗田稔編『神道　日本の民族宗教』(弘文堂　一九八八)
薗田稔『祭りの現象学』(弘文堂　一九九〇)
村上重良『近代民衆宗教史の研究』(法蔵館　一九六三)
村上・安丸編『民衆宗教の思想』(岩波書店　一九七一)
吉野裕子『易と日本の祭祀　神道への一視点』(人文書院　一九八四)
津田左右吉『儒教の研究』(岩波書店　一九五〇－五七)
宇野精一『儒教思想』(講談社学術文庫　一九八四)
『日本仏教宗史論集』(吉川弘文館　一九八四－八五)
石田瑞麿『日本仏教史』(岩波全書　一九八四)
辻善之助『日本仏教史　1－10』(岩波書店　一九四四－五五)
家永・赤松・圭室監修『日本仏教史』(法蔵館　一九六七)
中村・笠原・金岡編『アジア仏教史日本編　1－9』(佼成出版社　一九七五)
渡辺照宏『日本の仏教』(岩波新書　一九五八)
渡辺照宏『日本仏教の心』(筑摩書房　一九六七)
古田紹欽『日本仏教思想史』(角川書店　一九七一)

速水侑『観音信仰』（塙書房　一九七〇）
速水侑『地蔵信仰』（塙書房　一九七五）
笠原一男『女人往生思想の系譜』（吉川弘文館　一九七五）
橘俊道『時宗史論考』（法蔵館　一九七五）
島田裕巳『戒名』（法蔵館　一九九一）
古野清人『隠れキリシタン』（至文堂　一九五九）
海老沢有道『日本キリシタン史』（塙書房　一九六六）
海老沢有道・大内三郎『日本キリスト教史』（日本基督教団出版局　一九七〇）
高木一雄『日本ヴァチカン外交史』（聖母の騎士社　一九八四）
F・マルナス『日本キリスト教復活史』（久野桂一郎訳　みすず書房　一九八五）
土肥昭夫『日本プロテスタントキリスト教史』（新教出版社　一九八〇）
森岡清美『日本の近代社会とキリスト教』（評論社　一九七〇）
森岡清美『変動期の人間と宗教』（未来社　一九七八）
森岡清美『現代社会の民衆と宗教』（評論社　一九七五）
森岡清美『家の変貌と先祖の祭』（日本基督教団出版局　一九八四）
鈴木範久『明治宗教思潮の研究』（東京大学出版会　一九七九）

H　ヒンズー教と仏教

J・ゴンダ『インド思想史』（鎧淳訳　中公文庫　一九九〇）
B・G・バンダルカン『ヒンドゥー教　ビシュヌとシヴァの宗教』（島・池田訳　せりか書房　一九八四）
S・N・ダスグプタ『ヨーガとヒンドゥー神秘主義』（高島淳訳　せりか書房　一九七九）

シチェルバトスコイ『大乗仏教概論』（金岡秀友訳　理想社　一九五七）
S・レヴィ『インド文化史』（山口・佐々木訳　法蔵館　一九五八）
S・ラーダークリシュナン『インド仏教思想史』（三枝・羽矢訳　大蔵出版　一九八五）
E・コンゼ『コンゼ佛教』（大蔵出版　一九七五）
中村元『哲学的思索のインド的展開』（玄理社　一九四九）
中村元『インド思想史』（岩波全書　一九五六）
中村元『ゴータマ・ブッダ』（法蔵館　一九五八）
中村元編『自我と無我』（平楽寺書店　一九六三）
渡辺照宏『仏教』（岩波新書　一九七四）
三枝充悳『仏教入門』（岩波新書　一九九〇）
早島・高崎・原・前田『インド思想史』（東京大学出版会　一九八二）
湯田豊『インド思想史』（大東出版社　一九八四）
菅沼晃編『インド神話伝説辞典』（東京堂出版　一九八五）
増谷文雄『東洋思想の形成』（冨山房　一九六四）
奈良康明『仏教史』（山川書店　一九七九）
平川彰編『仏教研究入門』（大蔵出版　一九八四）
橋爪大三郎『仏教の言説戦略』（勁草書房　一九八六）
窪徳忠『道教の神々』（平河出版社　一九八五）

I　ユダヤ教とキリスト教

上智大学中世思想研究所編訳『キリスト教史　1－11』（講談社　一九九〇－九一）

M・ウェーバー『古代ユダヤ教』（内田芳朗訳　みすず書房　一九六〇）
R・ブルトマン『原始キリスト教』（米倉充訳　新教出版社　一九六一）
R・ブルトマン『史的イエスとキリスト論』（飯・橋本訳　理想社　一九六五）
R・ブルトマン『著作集　1－14』（新教出版社　一九八三）
E・トレルチ『ルネッサンスと宗教改革』（内田芳朗訳　岩波文庫　一九五九）
A・パロット『聖書の考古学』（波木居斎二・矢島文雄訳　みすず書房　一九五八）
P・シュトゥールマッハー『新約聖書解釈学』（斎藤忠資訳　日本基督教団出版局　一九八四）
W・シュミット『歴史における旧約聖書の信仰』（山折哲雄訳　新地書房　一九八五）
G・ショーレム『ユダヤ神秘主義』（山下肇他訳　法政大学出版局　一九八五）
G・ショーレム『カバラとその象徴的表現』（小岸・岡部訳　法政大学出版局　一九八五）
W・ドーティ『原始キリスト教の書簡文学』（土井・宇都宮・阿部訳　ヨルダン社　一九八五）
B・メッツガー『図説ギリシア語聖書の写本　ギリシア語古文書学入門』（土岐健治訳　教文館　一九八五）
トレモンタン『ヘブル思想の特質』（西村俊昭訳　創文社）
A・ウンターマン『ユダヤ人』（石川・市川訳　筑摩書房　一九八三）
波多野精一『原始キリスト教』（岩波全書　一九五〇）
石原謙『基督教史』（岩波全書　一九五一）
浅野順一『イスラエル予言者の神学』（創文社　一九五五）
浅野順一『キリスト教概論』（創文社　一九七六）
山谷省吾『パウロの神学』（新教出版社　一九五〇）
有賀鐵太郎『キリスト教思想における存在論の問題』（創文社　一九六九）
荒井献『イエスとその時代』（岩波新書　一九七四）

荒井献『新約聖書とグノーシス主義』（岩波書店　一九八六）
松本富士男『イエスの原風景』（新泉社　一九七五）
田川健三『イエスという男』（三一書房　一九八〇）
山形孝夫『治癒神イエスの誕生』（小学館　一九八一）
金井新二『「神の国」思想の現代的展開』（教文館　一九八二）
小高毅『古代キリスト教思想家の世界　教父学序説』（創文社　一九八四）
谷泰『「聖書」世界の構成論理』（岩波書店　一九八四）
宗教史学研究所編『聖書とオリエント世界』（山本書店　一九八五）
関根正雄『旧約聖書序説』（『関根正雄著作集4』）（新地書房　一九八五）
L・レッカイ『シトー会修道院』（朝倉文市訳　平凡社　一九八九）
K・ギンスブルグ『チーズとうじ虫』（杉山光信訳　みすず書房　一九八四）
ル＝ロワ＝ラデュリ『ジャスミンの魔女』（杉山光信訳　新評論　一九八四）
N・Z・デーヴィス『古文書の中のフィクション』（成瀬・宮下訳　平凡社　一九九〇）
J・ル・ゴッフ『煉獄の誕生』（渡辺・内田訳　法政大学出版局　一九八八）
J・ボズウェル『キリスト教と同性愛』（大越・下田訳　国文社　一九九〇）
バレ、ギュンガル『巡礼の道　星の道』（五十嵐ミドリ訳　平凡社　一九八六）
星野英紀『巡礼』（講談社現代新書　一九八一）
渡辺昌美『巡礼の道』（中公新書　一九八〇）
渡辺昌美『異端カタリ派の研究』（岩波書店　一九八九）
渡辺昌美『中世の奇蹟と幻想』（岩波新書　一九九〇）
森島恒雄『魔女狩り』（岩波新書　一九七〇）

木間瀬精三『死の舞踏』(中公新書　一九七四)
アビト・山田『解放の神学と日本　宗教と政治の交差点から』(明石書店　一九八五)

J　イスラーム

H・ギブ『イスラム文明』(加賀谷寛訳　紀伊國屋書店　一九六七)
W・C・スミス『現代におけるイスラム』(中村廣治郎訳　紀伊國屋書店　一九七四)
E・ローゼンタール『中世イスラムの政治思想』(福島保夫訳　みすず書房　一九七一)
B・ルイス『アラブの歴史』(林・山上訳　みすず書房　一九六七)
大久保幸次『コーランの研究』(刀江書院　一九五〇)
蒲生礼一『イスラーム』(岩波新書　一九五八)
中村廣治郎『イスラム』(東京大学出版会　一九七七)
中村廣治郎『ガザーリーの祈禱書』(大明堂　一九八二)
中村廣治郎編『講座イスラム　1－4』(筑摩書房　一九八五)
井筒俊彦『意味の構造』(新泉社　一九七二)
井筒俊彦『イスラーム思想史』(中公文庫　一九九一)
井筒俊彦『イスラーム生誕』(中公文庫　一九九〇)
井筒俊彦『イスラーム文化』(岩波文庫　一九九一)
井筒俊彦『意識と本質』(岩波文庫　一九九一)
井筒俊彦『コーランを読む』(岩波書店　一九八三)

K　諸宗教と神話

M・P・ホール『象徴哲学体系』（大沼・山田・吉村訳　人文書院　一九八〇）
レヴィ＝ブリュル『原始神話学』（古野清人訳　弘文堂　一九七〇）
K・ケレーニー『迷宮と神話』（種村・藤川訳　弘文堂　一九七三）
G・デュメジル『神々の構造』（村松一男訳　国文社　一九八七）
村松武雄『日本神話の研究　1－4』（培風館　一九五四－五八）
H・フランクフォート『古代オリエント文明の誕生』（三笠宮崇仁監修　岩波書店　一九六二）
H・フランクフォート『哲学以前　古代オリエントの神話と思想』（山室静・田中明訳　社会思想社　一九七一）
小川英雄『古代オリエントの宗教』（エルサレム宗教文化研究所　一九八五）
増田義郎『古代アステカ王国』（中公新書　一九六二）
藤田富雄『ラテン・アメリカの宗教』（大明堂　一九八二）
F・ストレム『古代北欧の宗教と神話』（菅原邦城訳　人文書院　一九八二）
菅原邦城『北欧神話』（東京書籍　一九八四）
山室静『サガとエッダの世界』（社会思想社　一九八二）
M・パノブ他『無文字民族の神話』（大林・宇野訳　白水社　一九八五）
A・ダンダス『民話の構造』（池上嘉彦訳　大修館書店　一九八〇）
V・プロップ『魔法昔話の起源』（斎藤君子訳　せりか書房　一九八三）
V・プロップ『ロシア昔話』（斎藤君子訳　せりか書房　一九八六）
V・プロップ『昔話の形態学』（北岡・福田訳　白馬書房　一九八七）
R・グレーブス『ギリシア神話』（高杉一郎訳　紀伊國屋書店　一九六二）
G・マレー『ギリシャ宗教発展の五段階』（藤田健治訳　岩波文庫　一九六二）

V・ブルケルト『ギリシアの神話と儀礼』(橋本隆夫訳　リブロポート　一九八五)
P・ヴェーヌ『ギリシア人は神を信じたか』(大津真作訳　法政大学出版局　一九八五)
吉田敦彦『ギリシア文化の深層』(国文社　一九八四)
吉田・松村『神話学とはなにか』(有斐閣　一九八七)
F・ファンデンベルク『神託』(平井吉夫訳　河出書房新社　一九八二)
E・サイード『オリエンタリズム』(板垣・杉田監修　今沢訳　平凡社　一九八六)
M・ボイス『ゾロアスター教』(山本由美子訳　筑摩書房　一九八三)
伊藤義教『ゾロアスター研究』(岩波書店　一九七九)
佐伯好郎『景教の研究』(名著普及会　一九七八)
コール、サンビー『シク教　教義と歴史』(溝上富夫訳　筑摩書房　一九八六)
矢吹慶輝(校訂芹川博道)『マニ教と東洋の諸宗教』(佼成出版社　一九八八)

L　辞典・事典

『宗教学辞典』(東京大学出版会　一九七三)
『世界宗教事典』(平凡社　一九九一)
『世界宗教辞典』(創元社　一九五三)
『日本宗教辞典』(創元社　一九五六)
『イスラーム辞典』(東京堂出版　一九八三)
『キリスト教大事典』(教文館　一九六三)
『世界キリスト教百科事典』(教文館　一九八六)
『聖書事典』(日本基督教団出版局　一九六二)

『仏教文化事典』（佼成出版社　一九八九）
『岩波仏教辞典』（岩波書店　一九八九）
『望月仏教大辞典　一〇巻』（世界聖典刊行協会　一九五四－六三）
『新・仏教辞典』（誠信書房　一九六二）
『神道大辞典』（臨川書店　一九八六）
『民俗学辞典』（東京堂出版　一九五一）
『日本民俗事典』（弘文堂　一九七二）
『民俗研究ハンドブック』（吉川弘文館　一九七八）
『新宗教研究調査ハンドブック』（雄山閣　一九八一）
『日本宗教事典』（弘文堂　一九八五）
『文化人類学事典』（弘文堂　一九八七）
『社会学事典』（弘文堂　一九八八）
『新宗教事典』（弘文堂　一九九〇）
M. Eliade (ed.), The Encyclopedia of Religion 1-16, Macmillan, 1987

○文献解題執筆者紹介

島田裕巳（しまだ・ひろみ）
宗教学者、作家、ＮＰＯ法人 葬送の自由をすすめる会会長、東京女子大学非常勤講師。
東京大学文学部卒業、同大学大学院人文科学研究会博士課程修了（専攻は宗教学）。
放送教育開発センター助教授、日本女子大学教授、東京大学先端科学技術研究センター特任研究員、同客員研究員を歴任。

あとがき

本書の著者である阿部美哉氏が亡くなったのは二〇〇三年一二月一日のことだった。それからすでに十年を超える月日が流れている。阿部氏が亡くなったときには、國學院大學で学長をつとめていた。しかし、氏は一九三七年の生まれなので、まだ六六歳だった。学長としての在位期間も五年に満たなかった。阿部氏の専門は宗教学だが、大学行政に詳しく、國學院大學でも大胆な改革を進めていた最中のことだった。

私は、阿部氏が学んだのと同じ東京大学文学部の宗教学科の出身で、その後輩にあたる。ともに宗教学科で長く教鞭をとった柳川啓一氏のもとで学んだ。しかも、阿部氏が文部科学省の研究機関である放送教育開発センター（現在は放送大学に吸収されている）で、教授、研究開発部長をつとめていたときには、その下で助手と助教授をしていた。阿部氏からは、いかに国の研究機関を運営していくべきなのかについて、実に多くのことを教えられた。

放送教育開発センターは大学共同利用機関という形態をとり、放送教育や遠隔教育の研究を行っていた。今も多くの学生を抱えている放送大学の授業番組を制作するスタジオも備えていて、現在もそのスタジオでは同じようにラジオとテレビの授業番組の制作が続けられている。

放送教育開発センターの役割は多岐にわたったが、そのなかに放送大学の授業番組の新しい姿を模索するために実験的な番組を制作するという課題も含まれていた。阿部氏は、その試みの先頭に立ち、斬新なアイディアを次々と具体化していったが、その手伝いをすることが当初の私の仕事でもあった。

最初の試みとなったのが、放送大学が開学した一九八五年に制作した『宗教理論と宗教史―聖と俗の交わる世界』というテレビの授業番組であった。放送大学では、ラジオやテレビの放送と、「印刷教材」と呼ばれるテキストが組み合わされていて、学生はその両方に接することで、それぞれの科目を学ぶようになっている。

『宗教理論と宗教史』では、阿部氏は柳川氏とともに主任講師をつとめた。

通常のテレビでの授業科目では、一般の大学での場合と同じように、講師が一人で講義をするスタイルが普通だが、『宗教理論と宗教史』では、ゼミ形式をとり、主任講師二人の他に、ゲストの講師、さらには放送大学の学生を想定し年齢もばらばらな学生が丸テーブルを囲むようなやり方をとった。

印刷教材の方でも、主任講師二人が執筆したいわゆるテキストの部分のほかに、私を含め、テレビ授業にも出演した若手の研究者が作った問いを通して学生に考えさせるドリル形式の部分があり、両者を組み合わせることによって、学生の理解がいっそう進むよう工夫されていた。

放送大学のお手本となったのは、イギリスの「オープン・ユニバーシティー」だが、そうした遠隔高等教育の新しい試みとして『宗教理論と宗教史』は、かなり意欲的な実験番組となったのではないだろうか。

さらに阿部氏は、一九八八年には、『宗教理論と宗教史』を改訂する形で『宗教学を学ぶ』を単独の主任講師として開講している。こちらはラジオの授業だったが、ラジオの方では講義とともに、それぞれの回のテーマに関連する音像を流すことを試みた。

そして、一九九二年から開講されたのが、本書の元になった『比較宗教学』である。こちらもラジオの授業で、印刷教材は阿部氏が単独で執筆した。ラジオの方では、一五回のうち一二回はゲストが出演し、阿部氏と対談で講義を進める形式がとられた。当時日本女子大学につとめていた私もゲストの一人となり、三回にわたって出演したが、他のゲストは島薗進・東京大学教授（以下いずれも当時）、薗田稔・京都大学教授（兼秩父神社宮司）、星野英紀・大正大学教授（兼福蔵院住職）であった。

私が出演したのは、神話、儀礼、時間と空間の回である。とくに儀礼は、阿部氏と私が共通の師とする柳川氏がとくに熱心に研究した領域で、学生時代に教えられたことを元に、いかに宗教の世界で儀礼が重要なものかを語り合ったように記憶している。

阿部氏の場合、個別の宗教現象をテーマとして選び、フィールドワークなどを行って、それを研究としてまとめていくということよりも、むしろ、宗教学の理論的な方向性を対象としていく研究姿勢をとっていた。その点は、この『比較宗教学』に存分に生かされているのではないだろうか。

今日では、研究の細分化が進み、それぞれの研究者が対象とする領域は狭く、限定されたものになりがちである。しかし、そうなると、宗教とは何なのか、宗教は人間の生活にいかにかかわっているのかという大局的な見方が失われてしまう。阿部氏は『比較宗教学』のなかで、古今東西の宗教学の理論を渉猟し、それをもとに、宗教現象に対していかなるアプローチをとるべきなのかを示唆している。

とくに阿部氏の場合、アメリカのクレアモント大学に留学したこともあり、英語に堪能で、いくつもの学術書の翻訳に携わっている。そうした翻訳の成果も、『比較宗教学』では広範に活用されている。その点で本書は、阿部氏にしか書きえない宗教学の概論だったのではないだろうか。

それが、こういう形でふたたび世に出るということは、阿部氏の薫陶を受けた私にとっても大きな喜びである。

なお、私が編纂した文献目録も再録されているが、これは一九九二年時点のものである。改訂も考えたが、阿部氏がテキストを執筆した時点で、どういった文献が参照されていたかが分かる方が好ましいと判断し、そのままとした。

その点をご了解いただきたい。

二〇一四年六月三〇日

島田裕巳

本書は、1992年に放送大学振興会より刊行された
『比較宗教学』を一部改訂したものです。

【著者略歴】

阿部美哉（あべ・よしや）

1937年　大阪に生まれる

1961年　東京大学文学部宗教学宗教史学科卒業

1969年　クレアモント大学院博士号取得。
　　　　ウィスコンシン大学オークレア校助教授、放送教育開発センター教授、放送大学教授、愛知学院大学文学部教授を歴任

1994年　國學院大學文学部教授

1999年　國學院大學学長

2003年　逝去

【主要著書】

『政教分離―日本とアメリカにみる宗教の政治性』（1989年　サイマル出版会）、『大学の国際文化学』（1989年）、『現代宗教の反近代性―カルトと原理主義』（1996年　共に玉川大学出版部）、『世界の宗教』（1999年　丸善）など多数

比較宗教学《ひかくしゅうきょうがく》

2014年8月10日　初版第1刷発行

著　者　阿　部　美　哉
発行人　石　原　大　道
印刷・製本　株式会社　ティーケー出版印刷
発行所　有限会社　大　法　輪　閣
東京都渋谷区東2－5－36　大泉ビル2F
TEL　(03) 5466－1401（代表）
振替　00130－8－19
http://www.daihorin-kaku.com

ISBN978-4-8046-1364-2　C0014